青少年心理自助文库
成功丛书

U0668345

谈 判

君向潇湘我向秦

吕洪峰/著

本书是你走上富足人生的优势指南。
谈判让一切皆有可能！

中国出版集团　现代出版社

图书在版编目（CIP）数据

谈判:君向潇湘我向秦／吕洪峰著. —北京：现代出版社，2013.11
（青少年心理自助文库）
ISBN 978-7-5143-1843-2

Ⅰ．①谈… Ⅱ．①吕… Ⅲ．①谈判学 – 青年读物
②谈判学 – 少年读物 Ⅳ．①C912.3 –49

中国版本图书馆 CIP 数据核字（2013）第 273480 号

作 者	吕洪峰
责任编辑	刘春荣
出版发行	现代出版社
通讯地址	北京市安定门外安华里 504 号
邮政编码	100011
电 话	010 – 64267325 64245264（传真）
网 址	www. 1980xd. com
电子邮箱	xiandai@ cnpitc. com. cn
印 刷	北京中振源印务有限公司
开 本	710mm×1000mm 1/16
印 张	14
版 次	2019 年 4 月第 2 版 2019 年 4 月第 1 次印刷
书 号	ISBN 978-7-5143-1843-2
定 价	39. 80 元

P 前 言
REFACE

为什么当今时代一部分青少年拥有幸福的生活却依然感觉不幸福、不快乐？又怎样才能彻底摆脱日复一日的身心疲惫？怎样才能活得更真实、更快乐？越是在喧嚣和困惑的环境中无所适从，我们越是觉得快乐和宁静是何等的难能可贵。其实，正所谓"心安处即自由乡"，善于调节内心是一种拯救自我的能力。当我们能够对自我有清醒认识、对他人能宽容友善、对生活无限热爱的时候，一个拥有强大的心灵力量的你将会更加自信而乐观地面对一切。

青少年是国家的未来和希望。对于青少年的心理健康教育，直接关系着下一代能否健康成长，能否承担起建设和谐社会的重任。作为家庭、学校和社会，不能仅仅重视文化专业知识的教育，还要注重培养孩子们健康的心态和良好的心理素质，从改进教育方法上来真正关心、爱护和尊重他们。如何正确引导青少年走向健康的心理状态，是家庭、学校和社会的共同责任。因为心理自助能够帮助青少年解决心理问题、获得自我成长，最重要之处在于它能够激发青少年自我探索的精神取向。自我探索是对自身的心理状态、思维方式、情绪反应和性格能力等方面的深入觉察。很多科学研究发现，这种觉察和了解本身对于心理问题就具有治疗的作用。此外，通过自我探索，青少年能够看到自己的问题所在，明确在哪些方面需要改善，从而"对症下药"。

每个人赤条条来到世间，又赤条条回归"上苍"，都要经历其生老病死和喜怒哀乐的自然规律。然而，善于策划人生的人就成名了、成才了、成功了、富有了,一生过得轰轰烈烈、滋滋润润。不能策划的人就生活得悄无声息、平平淡淡,有些甚至贫穷不堪。甚至是同名同姓、同一个时间出生的人,也仍然不可能有一样的生活道路、一样的前程和运势。

人们过去总是把它归结为命运的安排,生活中现在也有不少人仍然还是这样认为,是上帝的造就。其实,只要认真想一想,再好的命运如果没有个人的主观努力,天上不会掉馅饼,地上也不会长钞票;再坏的命运,只要经过个人不断的努力拼搏,还是可以改变人生道路的。

古往今来,没有策划的人生不是完美的人生,没有策划的人只能是碌碌无为的庸人、畏畏缩缩的小人、浑浑噩噩的闲人。

在社会人群中,2∶8规律始终存在,22%的人掌握着78%的财富,而78%的人只有22%的财富,在这22%的成功人士中,几乎可以说都是经过策划才成名、成才、成功的。

策划的人生由于有目标有计划,因而在其人生的过程中是充实的、刺激的、完美的、幸福的。策划可以使人兴奋,策划可以使人激动,策划可以使人上进。

本丛书从心理问题的普遍性着手,分别描述了性格、情绪、压力、意志、人际交往、异常行为等方面容易出现的一些心理问题,并提出了具体实用的应对策略,以帮助青少年读者驱散心灵的阴霾,科学调适身心,实现心理自助。

本丛书是你化解烦恼的心灵修养课,可以给你增加快乐的心理自助术。本丛书会让你认识到:掌控心理,方能掌控世界;改变自己,才能改变一切。本丛书还将告诉你:只有实现积极心理自助,才能收获快乐人生。

C目　录
ONTENTS

第六篇　彰显幽默的力量

第七篇　说服他人的技巧

第八篇　与他人沟通的技巧

第一篇

人生无处不谈判

每个人每天都要与别人进行谈判。就像莫里哀笔下一辈子追求谈吐高雅的汝尔丹先生那样,我们有时在不知不觉中与别人谈判。比如你和爱人商量去哪里吃饭,或者与孩子商定他们何时熄灯睡觉。谈判是从别人那里寻求自己所需的一个基本途径,是与谈判对方存在相同和不同利益时寻求解决方案的相互交流。当人们想交换意见、改变关系或寻求同意时,人们开始谈判。这些需要来自人们想满足自己的某种利益,这些利益包含的内容非常广泛,有物质的、精神的;有组织的、个人的。

谈判的概念和特点

　　所谓谈判,就是人们基于一定的需求而彼此进行信息交流、磋商协议的一种过程,是人们旨在确立、变更、发展或消除某种相互关系而进行的一种积极行为。谈判有狭义与广义之分:狭义的谈判仅仅是指正式场合下的谈判;广义的谈判是指除正式场合下的谈判以外,一切"协商""交涉""商量""磋商"等,都可以看作谈判。本篇所说的谈判是指狭义的谈判。

　　谈判作为协调各方面关系的重要手段,广泛运用于政治、经济、军事、外交、科技等各个领域。任何一种谈判通常由三个要素构成:**谈判主体、谈判客体和谈判环境**。谈判主体是指代表各自利益参加谈判的当事人;谈判客体是谈判的议题也即谈判的标的,它是谈判的核心,是一切谈判活动的中心;谈判环境是指能对谈判产生影响的一切外部因素构成谈判的环境,是谈判不可缺少的组成部分,是影响谈判结果和成败的重要因素。

　　理解谈判的概念,必须掌握谈判所具有的四个本质特点:

　　1. 至少有两方参与是进行谈判的先决条件。

　　谈判是信息的传递和沟通,至少是在两方之间甚至于是在多方之间进行的交际活动,只有一方则无法进行谈判活动。谈判各方进行谈判的过程,大量的工作是处理如何把本方信息传递给对方,同时又把对方信息接收过来的问题。而且,只有参与谈判各方的需要有可能通过对方的行为而得到满足时,才会产生谈判。

　　谈判总以某种利益的满足为目标,是建立在人们需要的基础上的。这是人们进行谈判的动机,也是谈判产生的原因。当人们想交换意见、改变关系或寻求同意时，人们开始谈判。这些需要来自人们想满足自己的某种利益，这些利益包含的内容非常广泛，有物质的、精神的；有组织的、个人的。

当需要无法仅仅通过自身而需要他人的合作才能满足时，就要借助于谈判的方式来实现。比如商品交换中买方与卖方的谈判，只有买方或者只有卖方时，不可能进行谈判；当卖方不能提供买方需要的产品时，或者买方完全没有可能购买卖方想出售的产品时，也不会有双方的谈判。

2. 谈判含有"合作"与"冲突"两种成分。

谈判是一个通过不断调整各自诉求，最终使各谈判方的诉求相互得以调和，互相接近从而达成一致意见的过程。因此，任何一个谈判均含有一定程度的合作与一定程度的冲突。

一方面，一场成功的谈判，每一方都是胜者。"互惠"是谈判的前提，没有这一条，则谈判将无从继续。任何一方的谈判者都想达成一个满足自己利益的协议，这是谈判的起因。为了达成协议，参与谈判的各方均须具备某一程度的合作性，否则，双方就坐不到一起来。谈判同时是"施"与"受"兼而有之的一种互动过程。也就是说，单方面的施舍或单方面的承受（不论它是自愿的还是被动的），都不能算作是一种谈判。只有达成双方互惠互利，才能实现确认成交的良性结果。因此，"非均等"又是谈判的结果，导致产生这种谈判结果的主要原因在于：谈判各方所拥有的实力与投入产出目标的不同，包括双方的策略技巧也各不相同。

另一方面，正因为谈判涉及的必须是双方或多方，所寻求的是各方互惠互利的结果，参与谈判的双方都希望对方能按己方的意愿行事，为了使自身的需要能获得较大的满足，所以利益上的矛盾和冲突在所难免，参与谈判的各方势必处于利害冲突的对抗状态。所以，在谈判中，各方在某些问题上出现意见分歧，是一种正常现象，正是由于有这样或那样的分歧，人们才需要用谈判来解决，所以谈判是为解决冲突和矛盾进行的。

值得注意的是，利益上的平衡不等于利益上的平均，而是双方各自在内心里所能承受的平衡。任何单方面的"让"或"取"都不能被看成是谈

判。为了很好地解决谈判中的这对矛盾，首先必须对此有深刻的认识，其次在制定谈判的战略方针、选择与运用谈判策略和战术时，就必须注意既要不损害双方的合作关系，又要尽可能为本方谋取最大的利益，即在这两者之间找到一个平衡点。

3. 谈判是一种积极的进取行为。

谈判中为了达成协议，各方都会作出适当的让步或妥协，但妥协不是谈判的目的，谈判的宗旨在于谈判各方都企图说服对方理解、允许或接受自己的观点。谈判是一种协调行为的过程，谈判的开始意味着某种需求希望得到满足、某个问题需要解决或某方面的社会关系出了问题。

由于参与谈判各方的利益、思维及行为方式不尽相同，存在一定程度的冲突和差异，因而谈判的过程实际上就是寻找共同点的过程，是一种协调行为的过程。共同性的利益和可以互补的分歧性利益，都能成为产生一项明智协议的诱因。解决问题、协调矛盾不可能一蹴而就，总需要一个过程。这个过程往往不是一次就能结束，而是随着新问题、新矛盾的出现而不断重复，意味着社会关系需要不断协调。谈判的目的是达成协议，不是一方战胜另一方。

因此，在谈判中，双方要不断调整自己的行为和态度，作出必要的让步，而且能理解对方的要求。这样，谈判才可能取得成功，最终达成双方都比较满意的协议。

4. 谈判是科学与艺术的有机整体。

首先，谈判作为人们协调彼此之间的利益关系、满足各自的需求并达成一致意见的一种行为和过程，谈判人员必须以理性的思维对涉及的问题进行系统的分析和研究，根据一定的规律、规则来制订方案和对策，这就充分地体现谈判的科学性一面。

其次，谈判是人们的一种直接交流活动，洽谈人员的素质、能力、经验、心理状态以及思维的运用，都会直接影响谈判的结果。同样谈判内容、条件和环境，不同的人去谈判，其最终结果往往会不同。这就是谈判的艺术性的体现。

对于一个谈判者来讲，在谈判中既要讲究科学，又要讲究艺术。也就是说，在涉及对谈判双方实力的认定、对谈判环境因素的分析、对谈判方案的制订以及对交易条件的确定等这些问题时，则更多地体现出谈判科学性的一面，而在具体的谈判策略与战术的运用上，比较多地体现了谈判的艺术性一面。

"科学"告诉我们在谈判中如何做，而"艺术"则帮助我们把谈判做得更佳。

心灵悄悄话

艾尔曼认为：在人成功的要素中，"智商决定人生的20%，情商则主宰人生的80%"。拿破仑·希尔访问了包括福特、罗斯福、洛克菲勒、爱迪生、贝尔等著名人士在内的500多位成功者后，研究总结得出的17条成功定津也大多是情商因素。

沟通与人际沟通

沟通（Communication）是指在社会交往中，人们借助符号系统（语言、文字、图像、记号）、形体手势及物质环境传递、理解信息和情感的社会行为。

人际沟通（Interpersonal Communication）是人们运用语言符号系统或非语言符号系统传递、理解信息和情感的过程，它是人类沟通中最重要的沟通形式之一，其目的在于人们需要分享信息、传达思想、交流情感和表达意愿。人们通过沟通，相互认知、相互吸引，并通过沟通影响别人和调节自己的行为。

沟通的作用

英国文豪萧伯纳说过："**假如你有一个苹果，我也有一个苹果，而我们彼此交换这些苹果，那么，你我仍然是各有一个苹果；如果你有一种思想，我也有一种思想，而我们彼此交换这些思想，那么，我们每个人将各有两种思想。**"这段话生动地说明了沟通的作用。

沟通是人际关系的构成条件和促成"人和"的措施。人们通过沟通与周围的社会环境相联系，而社会是由人们互相沟通所维持的关系组成的网络。沟通就像血液流经人的心血管系统一样流过社会系统，为社会这个有机整体服务。在社会网络中，沟通是一种自然而然的、必需的、无所不在的活动。

沟通贯穿于我们生活的所有领域。人的绝大多数活动都是通过沟通进行的。我们把它用于劝说、协调关系，以及分享快乐、共同谋求发展和披露信息。人们的行为也告诉我们，良好的沟通是我们的工作和相互关系取得成功的关键。多方面的调查表明，企业经理应把口头沟通和倾听列为取得工作成就的重要技能。生活要有沟通，良好的沟通就是更充分地享受生活。

沟通是人们获取知识和信息的重要途径。据专家分析，在人们所掌握的知识中，20%来源于直接学习，80%来源于社会学习。社会知识可以从与朋友、同行、老师的聊天、讨论和聚会中获得，也可以通过演讲、上课等形式获得；而这些都是沟通的重要形式。人们通过沟通可以开阔视野、互通信息、获取知识与技能。

作为衡量个人情商水平的一个重要尺度，沟通是衔接智商和情商的重要手段，是人们以智商为基础迈向成功的桥梁。

总之，沟通是人们分享信息、思想和情感的过程。日本企业之神，著名的松下电器公司的创始人松下幸之助有句名言："伟大的事业需要一颗真诚的心与人沟通。"松下幸之助就是凭借其良好的人际沟通艺术，赢得了他人的信赖、尊重和敬仰，并使松下电器成为全球电器行业的巨星。

心灵悄悄话

智商与情商的有机结合。"情商"与"智商"一样，都是只侧重了自我认知能力的一个方面，对于成功来说，其影响作用仍然是有限的。所以，针对"智商"而提出的"情商"概念，其最大的积极意义在于，把成功的要素从狭窄的智力领域扩展到自我认识领域乃至人际关系领域。

人生时时都在谈判

你会谈判吗？当面对需要谈判的情节时，你是跃跃欲试谈了就"盼"，还是头皮发麻，一谈就怕？

例如，你自觉为公司鞠躬尽瘁，然而望着存款簿上的数目，却觉得老板付出的金钱和自己付出的努力不成比例，似乎到了该开口要求加薪的时候，这下你会怎么做呢？

事实上，人生无处不谈判。不论是逛街时与人杀价，恋爱中相互忍让，或是业务上搞定合作……处处都需依赖谈判艺术的展现。

而如果在碰到冲突时，你心中闪过的第一个念头会是："坐下来谈谈吧！"Bravo！那就对啦！那就表示你已深谙"生命是谈成的"之道理，而这份用变通的方式找到可行方案的谈判功力，更是职场 EQ 的必修学分。

既然如此，怎么样才能成为谈判高手呢？

首先，来聊聊上桌谈判前该有的心理建设吧！

妥协不是牺牲，而是造就双赢

许多人一想到要谈判，脸色立刻凝重起来，因为他们直觉上认为，谈判就意味着让步及牺牲，往往以不愉快收场。然而真正的 EQ 高手会知道，所谓变通变通，有变才会通。所以修正和妥协，不但不是牺牲，反而是造就双赢的获得，不但事情因此会有所进展，心情也自然会跟着大步向前，这么一来，事情心情都有斩获，当然是个双重收获了，对吧？

谈判不是制造冲突，而是解决冲突

有些人认为谈判就是将冲突台面化，是标准的自找麻烦的举动，因而对谈判裹足不前。然而，表面上的平静不代表心底真正的宁静，如果彼此心中的想望已出现落差,冲突就已经存在。换句话来说,即使没开口要求加薪,只要你心中仍觉得薪水不公,你跟老板在此事上的认知差异及冲突就已成形,也就是说冲突早已存在了。而为了解决这个冲突,你可以选择自己调整认知来接受现状(亦即老板的看法),或是采取探索解答的谈判动作来改善现状(让老板接受你的看法)。

所以这下你应该明白了,谈判(尤其是高 EQ 的谈判)是会解决冲突的,而该谈却不谈,才可能导致冲突的延长。

没有输赢,只有好坏

也有人认为谈判如同作战,是为了要拼输赢,而万一自己对输赢又只有黑白分明的二分法,要不就全赢,要不就皆输,那就更大事不妙,因为这种"All Or Nothing"的预设立场,是 EQ 谈判的最大致命伤。

想想看,如果心中没有预留任何让步的弹性空间(包括面子及里子两方面),一开始谈就老想着如何全盘皆赢,杀它个片甲不留,那即使开始了谈判的动作,也会撑不了太久而宣告破裂,当然就甭提双赢的结果了。

所以谈判不等于作战。恰恰相反,真正的 EQ 谈判是合作,是双方为达成共识的共同努力过程。因此不论是加薪谈判、业务谈判,甚至离婚谈判,购物谈判等,请别忘了,我们的谈判对手不是敌人,是同志。如此一来,就可以把注意力的焦点从"打倒对方"转移到"成就彼此",才能不浪费心力。全力以赴地发挥谈判艺术。至于谈判的结果,则是只有好与坏的区别,而不该评论输与赢。

谈判的对象是情绪,不是道理

在谈判中,你我真正要搞定的,不只是自己密不可破的逻辑说理,更重要的,是要处理对方诡谲多变的情绪状态。

很多时候,不管道理如何的清楚("这分明就该如此做嘛!"),只要情绪从中作梗("我就是不要!"),谈判就一定没戏唱,相信你一定也有过如此的痛苦经验,对吧!?

所以 EQ 谈判者深切地了解,上了谈判桌后,首要任务就是去解读对

方的情绪需求,观察肢体语言,琢磨最在乎的事项。在这些对方最在意的地方,适时满足其情绪需求,做优雅的退让;而在对方较不在意之处,就适时地要求,以逐步前进。

解读情绪,有进有退,谈判就如同跳优雅的探戈,会是个愉悦而迷人的过程。

谈判是开门关门的艺术

谈判学者刘必荣教授认为,谈判也可视之为是开门关门的一门学问。谈判的时候必须给对方一丝希望,认为谈总比不谈好,并一直操纵着这个希望,永远为对方留条后路,有台阶可下,这就是开门;当对方激动时,我们冷静地听他说话,这也是开门;而同时,利用法律条文来坚守必要的立场,这是关门;制造时间限制及最后期限压力,来要求对方做决定,这也是关门。所以在这一开一关之间,共识就逐渐形成了。

因时因事,采取权变谈判策略

谈判的策略变化多端,而选择合宜的谈判策略基调,是你我谈判前应做的功课。

专家们建议在谈判前,我们应考虑两个因素:实际利益(现在获得这个利益对我有多重要),以及彼此关系(我和他的良好关系对我有多重要)。如此一想,可能采取的谈判策略包括:

1. 屈从(关系↑利益↓):彼此关系的重要性大于眼前利益(好啦,就让他吧。这次先不赚钱,好跟他维持交情,下次才能有更大生意)。

2. 强硬(利益↑关系↓):眼前利益重于彼此关系(不在乎你怎么想我,即使你不喜欢我也无所谓,反正我就是要这么做)。

3. 逃避(利益↓关系↓):眼前利益与彼此关系都不重要(没必要说啦,我要不要都无所谓,跟你做不做朋友也不重要)。

4. 妥协(利益=关系):眼前利益与彼此关系都有些重要(好吧,那彼此各退一步,我这里让你一点,以换取你那里让我一点)。

5. 合作(利益↑关系↑):利益与关系皆很重要(让我想想有什么办法可以让彼此皆大欢喜的,也就是找找双赢的解决方案)。

双方皆好，才是 EQ 谈判

最后要提醒你，不论实质利益的谈判结果为何，唯有在谈判结束时，双方的情绪都能心平气和，才能被称为是一次成功的 EQ 谈判。如果有任何一方觉得受了委屈，甚至上当受骗，即使达成了协议却仍心生不满，那 EQ 谈判的工力就有待加强了。

即使有时候因为种种的因素，跟对方暂时无法达成共识，只要能做到"买卖不成心情也 high"，那我们就至少展现了格调，可说是完成部分任务，为下一次的谈判奠定良好基础。

在聊完了谈判前的心理准备后，希望现在的你已经乐于拥抱谈判，而能愈谈愈"盼"！

·心·灵悄悄话 ✳

对于时机的把握，有两层意义：一是我们要有远见地规划未来，为未来早做准备，使我们从容面对和抓住机会，这就是要利用"天时"；二是当我们所处的环境不利于自己的发展时，要善于应变环境、创造条件、寻找和促成时机，这就是成功的"地利"因素。

谈判时间、地点、环境的选择

谈判时间的选择

时间观念,是"快节奏"的现代人非常重视的观念。对于谈判活动,时间的掌握和控制是很重要的。如外交谈判开始之前的准时到达,表示对谈判对方有礼貌。相反,则是不尊重。**无故失约、拖延时间、姗姗来迟等,这些"时间观"产生的都是负效应,只有"准时",才能体现出交往的诚意。**

谈判时间的选择适当与否,对谈判效果影响很大。

一般来说,应注意以下几种情况:

(1)避免在身心处于低潮时进行谈判。例如夏天的午饭后、人们需要休息的时候不宜进行谈判;如去外乡异地谈判,或去国外谈判,经过长途跋涉后应避免立即开始谈判,要安排充分的休整之后再进行谈判。

(2)避免在一周休息日后的第一天早上进行谈判,因为这个时候人们在心理上可能仍未进入工作状态。

(3)避免在连续紧张工作后进行谈判,这时,人们的思绪比较零乱。

(4)避免在身体不适时(特别是牙痛时)进行谈判,因为身体不适,很难使自己专心致力于谈判之中。

(5)避免在一天中最疲劳的时间进行谈判。现代心理学、生理学研究认为,傍晚4时至6时是人一天的疲劳在心理上、肉体上都已达顶峰的时候,容易焦躁不安,思考力减弱,工作最没有效率,因此在这个时候进行谈判是不适宜的。

谈判地点的选择

谈判地点选择的总的礼仪原则是公平、互利。谈判地点的选择，往往涉及一个谈判的环境心理因素问题，有利的场所能增加自己的谈判地位和谈判力量。人们发现动物在自己的"领域"内，最有办法保卫自己。人，也是一种有领域感的动物，他与自己所拥有的场所、物品等有着密不可分的联系，离开了这些东西，他的感情和力量就会有无所依附之感。美国心理学家泰勒尔和他的助手兰尼做过一次有趣的实验，证明许多人在自己客厅里谈话更能说服对方。因为人们有一种心理状况：在自己的所属领域内交谈，无须分心去熟悉环境或适应环境；而在自己不熟悉的环境中交谈，往往容易变得无所适从，导致出现正常情况下不该有的错误。

有这样一个例子：日本的钢铁和煤炭资源短缺，而澳大利亚盛产铁和煤，日本渴望购买澳大利亚的铁和煤，在国际贸易中澳大利亚一方却不愁找不到买主。按理说，日本人的谈判地位低于澳大利亚，澳大利亚一方在谈判桌上占据主动地位。可是，日本人把澳大利亚的谈判人员请到日本去谈生意。一旦澳大利亚人到了日本，他们一般行为都比较谨慎，讲究礼仪，而不至于过分侵犯东道主的利益，因而日本方面和澳大利亚方面在谈判桌上的相互地位就发生了显著的变化。澳大利亚人过惯了富裕舒适的生活，派出的谈判代表到了日本不过几天，就急于想回到故乡去，所以在谈判桌上常常表现出急躁的情绪，而作为东道主的日本谈判代表可以不慌不忙地讨价还价，他们掌握了谈判桌上的主动权，结果日本方面仅仅花费了少量款待作"鱼饵"，就钓到了"大鱼"，取得了大量谈判桌上难以获得的东西。

以上事例正说明谈判地点的选择对谈判结果具有一定影响。

所以，对一些决定性的谈判，若能在自己熟悉的地点进行，可说是最为理想，但若争取不到这个地点，则至少应选择一个双方都不熟悉的中性场所，以减少由于"场地劣势"导致的错误，避免不必要的损失。最差的

谈判地点,则是在对方的"自治区域"内。如果说某项谈判将要进行多次,那谈判地点应该依次互换,以示公平。

谈判环境的选择

从礼仪要求讲,一般合作式谈判应安排布置好谈判环境,使之有利于双方谈判的顺利进行。

(1)**光线**。可利用自然光源,也可使用人造光源。利用自然光源即阳光时,应备有窗纱,以防强光刺目;而用人造光源时,要合理配置灯具,使光线尽量柔和一点。

(2)**声响**。室内应保持宁静,使谈判能顺利进行。房间不应临街临马路,应不在施工场地附近,门窗应能隔音,周围没有电话铃声、脚步声、人声等噪音干扰。

(3)**温度**。室内最好能使用空调机和加湿器,以使空气的温度与湿度保持在适宜的水平上。温度在20℃,相对湿度在40%～60%之间是最合适的。一般的情况下,也至少要保证空气的清新和流通。

(4)**色彩**。室内的家具、门窗、墙壁的色彩要力求和谐一致,陈设安装应实用美观,留有较大的空间,以利于人的活动。

(5)**装饰**。用于谈判活动的场所应力显洁净、典雅、庄重、大方。宽大整洁的桌子、简单舒适的座椅(沙发),墙上可挂几幅风格协调的书画,室内也可装饰适当工艺品、花卉、标志物,但不宜过多过杂,以求简洁实用。

心灵悄悄话

一个成就、一项事业并不一定一次成功。若我们遇到挫折就退却,则永远没有成功。只有不懈地努力和不停地向目标奋进,才有最终的成功。

谈判桌上得信任

据说古代有位宋元君，听说了一位石匠的趣事。那位石匠帮人家干活，他的一个朋友鼻子上沾了一滴白泥灰，薄如蝉翼。当然，此时洗一把脸就可以抹掉，可石匠的朋友嫌费事，拉过石匠来帮忙。只听得石匠抢起大斧子一声呼啸，白泥灰被削得干干净净，鼻子却连根汗毛都没损伤！

宋元君听得津津有味，决定见识一下石匠的技艺，于是就派人将石匠找来。这位宋元君给自己的鼻子上也抹了一块白泥灰，并要石匠帮他把白泥灰砍下来。

"这怎么能行？"石匠大惊失色，"斧子抢起来，有万钧之力，差之毫厘，就会出人命，请问国君真的相信我不会失手吗？即使我不会失手，难道你真的自信你面对大斧子能一动不动吗？"这些话宋元君却一点没有料到，像愣愣呆坐在座位上说不出话来。

"唉，"石匠心里叹道："我的朋友啊，只有你相信我不能失手，又能在我利斧前面不改色心不跳。可惜你死得太早了，在这世上，我只有寂寥。"

当前，许多经济学家和社会学家都认为，我们的社会面临严重的信任危机。这则关于石匠的小寓言告诉我们，信任的确很重要，但也很困难。信任不是单方的，而是相互的。作为高度复杂的智力游戏，商业谈判过程的信任更为重要，它不仅是谈判活动能够顺利进行的条件，也是谈判结果能够达到双赢、交易费用能够降低的保证。

那么，如何处理谈判过程中的信任问题呢？我们有如下的三条建议：

第一条建议：提升自身在对方心中的信任感。

信任与信任感不同。信任是一个是否接受和认可对方的主观判断，最终只有"是"或者"否"两种结果；而信任感是信任的基础，是谈判者打动对方并赢得信任的心理铺垫，可以是从"低"到"高"的连续变化过程。同时，我们也要注意到，信任感是可以改变和管理的。

20世纪80年代，美国和墨西哥两国曾经为天然气一事举行过洽谈。美国想以低价购买墨西哥的天然气，其能源部长拒绝批准美国石油财团关于墨西哥天然气价格上涨的提议。由于此时墨西哥的天然气不可能有别的买主，因此，这位部长以为墨西哥会降低要价。但是，墨西哥人所热切关心的是，不仅要为他们的天然气争个好价格，而且要对方对他们表示谈判的诚意和信任。而美国此时的做法却恰恰似乎是有意要威胁墨西哥，为此墨西哥政府极为愤怒，认为宁可动手烧掉天然气也不肯卖给美国。就这样，一次可能对双方都极为有利的谈判就完全化为泡影了。

在这样的氛围里，要赢得信任感，谈判者要注意三方面的素养。

（1）言辞表达清楚。如果我们还无法做出承诺，那就避免使用一些容易使对方误解为已经做出承诺的话。如果谈判者的言辞能清楚地表达出所想的和所要讲的，就减少了许多容易导致误解的地方。

（2）慎重做出承诺。谈判者对自己的承诺越是慎重，对方也就会越严肃地对待它。保持声誉最容易的方法首先是少做承诺，其次就是尽量彻底地兑现已做的承诺，即便是那些对方也认为并不重要的承诺。

（3）保持诚实。诚实对良好的合作关系而言是不可或缺的，其唯一的代价就是可能会有一次或短期之内的机会损失。这点通过谎言或许能够得到，但一次谎言也会断送长期的合作关系。诚实的品行对快速有效地解决许多无休止的争论是至关重要的。

第二条建议：在长期交往中树立良好的信用。

近年来，英特尔、摩托罗拉、索尼等许多跨国企业在中国纷纷设立了制造基地，这些企业在国内寻求本地化的供应商时往往都有一些相同的苦涩经历。许多国内企业其实技术很好，为了能够进入这些跨国企业的全球合格供应商名单,刚开始他们也会尽心尽力地制造出高质量的产品来满足跨国企业近乎苛刻的各项需要。然而,当他们一旦被列入合格供应商名单后不久,这些企业就会开始思考如何通过改变原材料或者加工工艺来扩大自身的利润空间。这样做的代价就是降低产品质量的可靠性和稳定性,最终也使得这些企业又滑出了好不容易才入围的名单。

质量也是一种承诺。一次的质量检验合格可以赢得一种信任,但却无法赢得一种信用;信用的建立必须依赖长期稳定可靠的质量保证。当前,学界有许多关于信用和信任的争论。其实很简单,信用就是一种"可预见性",就是维持商业游戏以较低的费用和简单的规则实施的机制成本,而这种机制成本是以长期的心理投入为代价。我们日常生活中都有体会,如果有些人的行为经常很紊乱、犹豫或者反常,那么每次碰到重要事情的时候我们对其行为结果都往往毫无把握。为了得到可以把握的结果,我们必须通过咨询或者沟通来提高其行为的可预见性,并且随时做好应变策略。

德国思想家卢曼认为,人类生存有很多策略,保持信用是其中很重要的一种。当前,人类所处的社会环境和自然环境太复杂了,要应对如此复杂的环境和人群非常困难,必须找到一些简化机制来对付。许多企业家面对商场上的尔虞我诈、利欲熏心的竞争后,心灵深处都希望回归当初那种恬静怡然的田园纯朴,都特别回味《安徒生童话》里那种返璞归真的童年情结。亚当·斯密认为,人性结构中都有一种自发的道德秩序,体现着个人的自爱、同情、正义和自制这些美德,在经济生活中表现为诚实、守信、公平竞争和平等交易等商业品德。因此,信用的道德观在谈判者内心是早就存在的,其建立也很简单,那就是不要违背,或者说加强违背的心理负担。

第三条建议:信任不是以道德而是以风险作为评判基础。

2004年,我国彩电制造企业遇到多事之秋。美国"反倾销"法案、欧盟抵制"电子垃圾"等一系列不利消息已经使这些企业喘不过气来,而

"APEX 诈骗案"更使其中的长虹公司犹如雪上加霜。根据长虹董事会的公告显示,美国 APEX 公司 4.675 亿美元的欠款中,长虹可能收回的只有 1.5 亿,有 3.175 亿美元(近 26 亿元人民币)的损失无法挽回。这一数字高过自 1999—2004 年 6 年间长虹公司的利润总和。事后,中国商务部研究院柴海涛院长在《科法斯世界贸易信用风险手册》中文版发行会上指出,美国 APEX 公司在找长虹做出口产品代理的同时也曾经找过 TCL 公司。尽管 TCL 当时很希望自己的产品能够大规模进入美国市场,但他们对 APEX 的一些合同条款并不满意,特别是觉得赊销风险太大,所以对 APEX 的要求断然拒绝。

从长虹公司的这则案例中我们可以看出,商业谈判过程中对对方的信任应该是以风险分析为基础,不是以道德判断为准则。**商业信任不需要一种壮士割腕的勇气和豪迈,而需要的是一种权衡利弊的思维和谋略。**在谈判桌上,要仔细观察对方对利益的重视程度,探寻对方对诚信和诺言的价值判断,权衡信任与不信任之间的不同风险。此时,谈判者应该暂且不去理会喜欢或不喜欢等这些感情的纠葛。不管谈判对手表现得有多么可靠或者不可靠,谈判者最好能够有意识地想办法试探并预见其行为。为了准确预见对方的行为,我们要仔细分析他们的利益、言辞和承诺的现实性,以及他们过去行为的习惯等。

总之,"要努力提升自身在对方心中的信任感,但同时不要轻易去信任对方"。这就是谈判过程中我们对信任问题应持的态度。

心灵悄悄话

一个有较高自我管理能力的人,不仅能够较合理、有效地安排各项人生任务,管理和完善自我,而且在客观理解他人、在摆正自己与他人之间的位置方面也有着天然的优势。

说话要因人而异

中国有一句俗话叫**"见人说人话，见鬼说鬼话"**，用来形容在社会上八面玲珑，做事情无往不利的人；还有另一句话叫**"切忌交浅言深"**，也是老祖宗传下来的智慧话语，其实这些古老智慧都是在告诉人们：**沟通谈判入门的最基本心法，就是明白"说话必须因人制宜"的重要性。**

谈判是对自己和他人同时进行的思维运作。对自己的谈判，大部分是意志力的问题，然而，对他人的谈判，状况却较为复杂。因为一开始你不确定对方在乎的事情，是不是和你预估的相同。成功的谈判必须了解对方的需求，并且找到契合彼此的沟通模式，这样，谈判的成功值才会越高。

每个人都拥有自己独特的谈判风格。了解不同的谈判风格，不仅对赢得谈判很重要，更对生活中的各个层面都有很深远的影响。在谈判白热化前，如果可以通过对对手透露出的信息进行有效分析，那么你对这场谈判的掌控将会更有自信。

懂得"看人"，才能够迅速从对手的反应和动作中解读他的谈判风格。只要掌握了对方谈判风格的惯性，你就能找到契合对应的谈判结构。

谈判大师罗杰·道森说到谈判时，曾对人的人格特质做过归纳整理，分出四种类型，分别是：务实派街头斗士型、表现派街头热血型、和蔼派街头亲善型和逻辑派街头分析型。每一种类型的谈判者所展现出来的谈判风格迥然不同，在你确定对手是属于哪种谈判风格后，就可以轻松预期对方接下来会有什么动作，以便见招拆招。

四种类型的谈判者特质

第一类：务实派街头斗士型

斗士型的人个性严谨，做事相当有条理，而且一向穿着正式。他们是典型的生意人，绝不会在下午三点钟就离开办公室跑去做 SPA，他们的办公室一般贴满了管理时间的小纸条，他们一心只想更有效率地把事情做完。因此，在谈判时，如果你是以上个周末去哪里玩作为开场白，他会显得特别不耐烦，而希望你能快速地回到正题上。

斗士型的谈判者要求证据和信息，不太重视激励，有明显目标和想法，不会改变自己已下的决心，也很重视对手提出的条件能否做到。

这一类型的人在谈判时，唯一的目标就是赢，而赢的意思就是对方一定要输。当你告诉他，谈判的真义是追求双赢时，他会在心里想："双赢？真不切实际！除了赢，一切免谈。"

斗士型的人看事情总是从实际面来切入，在谈判时态度通常很严厉，且往往做出主导姿态，也很容易吓倒对手。因为他们几乎把心里的敌意都显露在脸上，他们会时不时地暗示对方："如果你不按照我的要求进行的话，我会把生意给别人做，我相信你也不喜欢这样。"

与斗士型的谈判对手交手时，首先不要被其严厉高压的姿态吓倒，也千万不要浪费时间在闲聊上，因为闲聊并不能帮助你们之间建立融洽的关系。此外，切记不要给他太多的信息，斗士型的人只要有必要的数据就可以做出决定；如果你过度热心地给他许多报告，或者企图用花哨的简报来吸引他的注意，他反而会认为你很虚伪，而且是在浪费他的时间。

与斗士型的人沟通谈判时，你的时间应该花在找出他最坚持的问题是什么，以及不断营造让他感觉到赢的氛围。只要你能找到他所坚持的关键点，满足他是个赢家的感觉，你就占了上风。因为斗士型的谈判对手很容易钻入一个特定的牛角尖,坚持在特定的问题上一定要赢,反倒不太能全面衡量退让与逼近之间,究竟何者有利、何者有害。

譬如他坚持总价格不能低于 1000 万元台币,少一毛钱都不行,那你就可以在付款期限上做文章,要求每年付 50 万台币,分 20 年还清;这样若是把通货膨胀考虑进去,你其实是赚到了。由此可见,只要你能在他所坚持的点上做些让步,那后面一大片的空间就由你发挥了!

如果你是斗士型的谈判者,你要如何避免落入谈判陷阱?

时时提醒自己不要执着于特定的谈判重点,小心在其他细节处被对方乘虚而入。

适时从"一人独得"的概念中跳脱出来,不要把商场上每一件小利益都算计在心,偶尔放手,你会发现对方愿意给你更多。

第二类:表现派街头热血型

热血型的人通常非常友善而且开放,即使贵为老板,仍多半会自己接听电话,不像斗士型的人可能会请秘书过滤电话。你若是在公司的大厅等他,他绝不会忘了带你在公司四处逛逛。他们多半喜欢观看体育比赛,因为他们认为能与其他人一同坐在体育馆内观看比赛是生活的一大享受。这种人通常平易近人,对于休闲玩乐很在行,因此容易讨人喜欢。

不过,他们同时也是非常情绪化的人,在做决定时非常快,如果朋友打电话来临时约他们吃饭,他们不会花太多时间思考就会答应。这种喜欢当场做决定的性格往往让热血型的人惹上不少麻烦,但与之相对的是,他们也会比其他谨慎保守的生意人更容易捕捉到意想不到的商机。

热血型的人一旦开始谈判,很容易因为过度兴奋而失去自己的观点,在协商谈判过程中往往表现得太过热情,所以,他们丝毫不会察觉到谈判过程中有任何问题。结果,他们常常会很生气地回到办公室,用力踢办公桌:"他们居然选择别家公司!他们怎么可以这样做!我陪他们喝酒喝到半夜呢!"过度热情的谈判者,很容易被自己的狂热蒙蔽而看不清楚事情的真相。

如果你谈判的对手是热血型的人,你大可以把对人的热忱充分地展

现出来,让他感到兴奋。举例来说,当你向他做介绍时,可以尽量描绘出一幅前景无限的蓝图,同时,和他讨论他的嗜好、成功的过往及失败的经验,这些谈话都可以博得他的关注。要知道,他做决定的速度完全取决于他对这个计划的兴奋程度。

你热血且缺乏谨慎思考吗?

如果你是热血型的谈判者,千万要小心虚华不实的游说,也不要随便相信对方充满诚意的允诺,因为你很有可能因为一时冲动而错误决策,也可能为了江湖义气,做了亏本生意而毫不自觉。

第三类:和蔼派街头亲善型

亲善型的人对人做事都是凭感觉。这类型的人在采取任何行动之前,心里一定要感到十分舒适,因此做决定的过程通常很缓慢。亲善型的人很喜欢设立表象障碍,他们不喜欢把家里的电话公布,家门口也可能有个"谢绝推销"的招牌,他们会在同一个小区住上很长的时间,因为他们会跟周遭的事物及邻居发展出稳定的关系。这类型的人几乎没有时间管理的概念,如果你打电话跟他们约时间,他们会请你随时去拜访。他们也经常显得杂乱无章,因为他们不擅长拒绝他人。所以,亲善型的人在职场上一般不会待在管理阶层,他们喜欢在有制度的大企业中,如此他们才不必被迫做出一些武断的决策。

亲善型的人在谈判时仿佛一位亲切的大婶,他们的谈判重点不在赢,而是希望每一个人都快乐。也因为如此,当你的沟通谈判对象是亲善型的人时,请放慢脚步,直到他信任你为止。千万不要对他施压,他最痛恨被逼迫着做决定。你也必须接受一个事实,那就是:当你与他们谈判时,他们往往需要时间做整体的思考,在他们认为与你的沟通尚未进入状态前,你也只能等待了。

如果你是亲善型的人,想必传统的谈判技巧对你来说是件痛苦的事。

记得,谈判是为了让彼此各有所获,而不是纯粹去交朋友的。

很多时候你必须狠得下心,才能让谈判谈成功,并在职场上展现果断的权威感。

第四类：逻辑派街头分析型

对一般人而言，分析型的人几乎就是"外星人"，他们通常会对一些小玩意儿很感兴趣，工作与生活环境中充满了新颖的电子仪器，而且永远也不嫌多。他们喜欢分析事物，每份报告都会附上图表。他们也很重视细节，几乎到了令人无法忍受的地步。他们对时间和数字的掌握非常精确，绝不会说"我大概会在吃午饭的时间到达"或者"这个东西大概值一百多元"这样的话，而会说"我会在十二点十五分的时候到"或"这个东西值一百二十五元"。他们做决定的速度很慢，与人交往时也绝不情绪化。别人都认为与这类人谈判很难达成决定，因为他们永远都认为信息不足。

分析型的人适合做会计师、工程师或建筑师。事实上，在四种风格中，分析型的人最容易由他们所从事的职业判别出来。这类型的人在谈判初期就成为按部就班的谈判者，由于他们可能终其一生都接受如会计师、工程师或建筑师的训练，所以他们只能接受整齐的、有条理的、井然有序的事物。

协商谈判时，分析型的人最痛恨催促及匆忙，他们喜欢凡事谨慎、井然有序，也希望每件事都经过查证与确认，他们最喜欢说的口头禅是："这是原则问题。"因此，这类型的人在谈判时往往犯了太过顽固的毛病。

沟通谈判时若碰上这类型的人，应对之道其实很简单，就是要精确和正确。如果他们问数字，就给他们精确到小数点后三位的数字，如果你对工程、分析、数字等信息颇有研究，可以在谈判开场时，与他们讨论这类话题，或许可以帮助你打开僵局，甚至赢得他们对你的好感。

你是不是分析型的谈判者？

如果你总是需要量化数据作为埋单依据，你可能会错失许多无法以数据评估的利益，例如人情和长远信任。

试着让脑子放开对数据的依赖，偶尔退让自己的原则，客户能够给予你的利润反而更多。

人格特质对谈判的影响非常巨大，不了解对手属于哪一类型，不但会让自己白费工夫而且成效也不大。

举例来说,你以为你应该对自己的提议表现出热忱的态度,用热情来影响对方,这种态度对热血型的人相当管用,因为这类型的人需要刺激;对亲善型的人而言也很有效,因为你的热忱可以带给他温暖;但斗士型的人却不吃这一套,当你自以为是地表现出热忱时,他心里只会想着:"不要对我玩这一套骗人的把戏,只要给我有用的事实就好了!"分析型的人也不可能被你的热忱打动,因为在他自认获得足够的信息以前,他是不会做决定的。

你或许认为在谈判中应该主导对话,因此当对手提出一个问题时,受过谈判训练的你会有意识地回之以另一个问题,例如:"你可以给我三个月的时间筹资吗?""你想要三个月后再付款吗"之类的对话,对于分析型的人有效,因为他们喜欢问问题;对亲善的人也会奏效,因为这代表你关心他的需求;但当一个斗士型的人对你提出疑问时,他想要的是明确的答案,而不是在跟你打"乒乓球",你回答的模式在他看来是在浪费他的时间;而热血型的人也一样,除非你对他坦率、直接,否则他不会对你温和亲切。

你可能也认为,大多数的人做决定或买东西是凭感觉而非逻辑,给对方的感觉对了,他就会很快做出决定。热血型与亲善型的人确实有这种倾向,你所做的事、表现的态度若能带给他们好感,会让他们做出情绪性的决定。但是斗士型的人不会因为感情而花钱,他们只有在有利可图的情况下才会想拿出钱包,而分析型的人也不会因为感情作用做出购买决定,他们只有在觉得所有的数字都合理的情况下才会决定购买。

因此,当你清楚自己属于哪一类型,而面对的谈判对手也属于同一类型时,谈判过程会比较顺利。例如你是一个斗士型的人,你也会喜欢一个斗士型的对手,因为你们会相当实际、直接,而且遵守承诺。相反的,若你碰到的是个亲善型的对手,你就容易遇到困扰,因为他们在进退抉择之间,情感的成分居多,让你摸不清方向。

关于谈判风格特质的分类,有非常重要的一点一定要牢记在心:**没有一个人是绝对属于哪个特质类别的**。这里的归纳与分析仅仅是帮助你判别,提供的是参考值而非绝对值。每个人或多或少都会跨属一两个特质,差别在于哪个类别特质的比重较为明显,所以谈判风格也就较为倾向哪个类型。风格特质的归类,是要帮助你有效率地跟客户达到谈判上的契合,切勿将客户归类后,只用同一种方式与客户谈判,这样对谈判是不会有帮助的。切记!

　　回过头来说,只要你能心存双赢的念头,你就会淡化自己所属类型的特殊习性,愿意从了解对方的个性和做事方式着手,努力消除对立,并让对方逐渐放弃因为性格类型而设定的立场,转而将注意力放在对双方都有利的点上,让对手在觉得自己赢了的氛围中,也为你自己的谈判得分!

心灵悄悄话

　　沟通是双向、互动、互为主客体的反馈和理解过程。在一个完整的沟通过程中,沟通参与者几乎在同时充当着信息发送者和接收者的双重角色。而且,沟通的意义不在于达成一致意见,而在于对于沟通信息的准确理解。

第二篇

谈判的细节

　　细节也是一个很需要注意的事情，我们无论在做什么事时，常常会忽略细节，总以为这是小问题。其实这才是很容易出现问题的问题。注重细节，从小事做起。看不到细节，或者不把细节当回事的人，对工作缺乏认真的态度，对事情只能是敷衍了事。而注重细节的人，不仅认真地对待工作，将小事做细，并且能在做细的过程中找到机会，从而使自己走上成功之路。

　　"成也细节，败也细节"，尤其是事关重大的谈判场合，请千万注意细节，千万做到"滴水不漏""一丝不苟"。也只有如此，你才能真正地稳操胜券！

让对方产生压力

在谈判的时候,摆出一种把对方当作内行的姿态,会使他产生良好的感觉。对方的感觉虽然好多了,可是现在又觉得有一种压力:"这一下可不敢随便讲话喽。"

20世纪中国作家和文化先驱之一蔡元培先生曾有过这样一件轶事:一次伦敦举行中国名画展,组委会派人去南京和上海监督选取博物院的名画,蔡先生与林语堂都参与其事。法国汉学家伯希和自认是中国通,在巡行观览时滔滔不绝。为了表示自己的内行,伯希和向蔡先生说:"这张宋画绢色不错","那张徽宗鹅无疑是真品",以及墨色、印章如何等。林语堂注意观察蔡先生的表情,他不表示赞同和反对意见,只是客气地低声说:"是的,是的。"一脸平淡冷静的样子。后来伯希和若有所悟,闭口不言,面有惧色,大概从蔡元培的表情和举止上他担心自己说错了什么,出了丑自己还不知道呢!

如果谈判的内容属于自己的专业范围,你有必要向对方提出建议。而对方既然是有工作的人,想必也有自己的专业,水平高低则另当别论,至少他也有内行人的自尊心。这里,将计就计也是谈判的一种技巧。

比如,对手是电脑公司生产厂家的经理,你说道:"有关电脑方面的问题,经理是内行,我在这里只不过是班门弄斧……"把自己学到的一些有关电脑的知识和信息讲给他听,当然其中也含有对手不知道的信息。如果形成你方在教对手的局面,则有伤对方的自尊心。这种毫无意义地破坏对方情绪的言语是不应该的。

如果你想把对方再抬得高一点儿，你就应当对你的同伴说："你是外行，根本不懂。对于经理来说，这些只不过是常识问题。"这么一来，气氛被烘托起来，就可以提出问题与对方谈判了："我作为广告方面的内行，是这样想的。也希望您给予我们指教。"逼迫对方意识到自己是内行，就不能提出让人耻笑的意见。

给对手戴上了一顶内行的帽子，谈判也就不会在无意义的地方卡壳了。因为内行人往往说话不多，只是在关键问题上把一把关。而外行人往往是东拉西扯，喋喋不休，只顾枝叶而忽视本质，一旦卷入这种讨论之中，话题将越扯越远。在同一个问题上说来说去则是会谈中最该避免的。

即使对手是个外行，你方硬把他当成专家来对待，那么，你方胜出的概率将大大增加。对方既然摆出了不懂装懂的样子，他就要自尊自重，对细节问题的提问和指责也变得十分谨慎，这样你方就可以经常处于主动状态，畅通无阻地将谈判的内容展开。

心灵悄悄话

沟通的情境具有动态性并需沟通双方的相同理解。人际沟通是在一定场合中的信息沟通，特定的时间、地点、参与者、话题等因素构成了沟通的情境。

说好第一句话

俗话说,好的开始是成功的一半,说话更是有过之而无不及。 特别是在你推销自己的思想和观点的时候,能不能从一开始就抓住对方,从一开始就吸引住对方,对你说话的成败具有直接的影响。

1946 年春天,在日本东京,由 11 个国家的法官组成的国际军事法庭准备对日本战犯进行审判。盟军最高统帅麦克阿瑟指定,庭长由澳大利亚德高望重的韦伯担任。庭长左右手的第二把、第三把交椅成了各国法官争夺的重点,因为这代表了该法官所属国在审判中的地位。但由于中国国力不强,庭长在座位安排上把中国放在了美国和英国的后面。

中国法官梅汝璈心想:为了中华民族的利益,一定要争到位处前面的交椅。于是,当众法官正在热烈讨论的时候,他来了一句石破天惊的话:"如果说我个人的座位问题,我并不在乎,但既然代表国家,我想必须请示本国政府。"大家惊讶地看着他,这位素以冷静理智著称的中国法官怎么头脑发昏了?如果大家全要请示本国政府,到猴年马月才能有个定论啊。梅汝璈看到有了效果,不慌不忙地说出了他的理由:"如果各位不同意我请示本国政府的意见,那么我想,既然这个法庭是用来审判日本战犯的,法庭的座次应当按照日本投降时各受降国签字的顺序进行排列最为合理。中国受害最烈,抗战时间最久,付出的牺牲最大,理应排在第二。何况,没有日本的无条件投降,哪有今天的审判?该按各受降国签字的顺序安排座次,才算顺理成章。"

此时,看到法官席开始骚动,梅汝璈微微一笑,又继续说道:"如果大家不赞成,不妨另外用个更有趣的办法:弄个体重测量器,以体重的大小来排座次。"他的话还没说完,众法官已经笑作一团。

庭长无可奈何:"各位法官先生,我们应该尊重梅博士的意见,我建议,重新回议事大厅,进行表决。"

半个小时后,座次顺序重新排定为:美、中、英、苏、加……梅汝璈博士成功了。

应该说,梅博士能够取得成功,第一句话的作用至关重要,没有那石破天惊的第一句,下面的过程就不会顺理成章。

可见,说好第一句话对你整个谈话内容都是至关重要的。那么,如何才能说好第一句话呢?一般来说,我们可以用以下几种方法:

(1)从能与对方产生共鸣的地方讲起。共同的经历或遭遇、共同的研究方向和专业、共同的希望和展望等,都是能够引起对方共鸣的话题。以此种方式开头,常常更易于被交谈者"认同"。

(2)从涉及对方切身利益的话题开始。有经验的谈话者,往往善于将自己的讲话与对方的切身利益联系起来。有时为了开始时能吸引对方,往往会绕个弯子,讲一些对方关心的事,待对方兴趣已起,而后转入正题。

(3)用引人入胜的故事或幽默开头。引人入胜的故事或能够使对方发出会心笑声的幽默,往往能够一下便抓住对方的心,使自己很快被他人接受。

(4)用令人震惊的事实开始讲话。可以通过对方的求知欲而造成悬念。采用此种讲话开头时,可能需要一些"内幕"消息,无疑,这也是一种很好地吸引他人的方法。

(5)用赞扬的话开头。世人都想听赞颂之辞,具体的赞扬会使别人更加注意听你讲话,同时,你也会被认为是和蔼可亲的朋友而被对方接受。

(6)用权威或名人的话引出话题。如同章回小说中的开始语:"有诗

曰……"一样，名人名言也是极好的开场白。心理学研究认为，每个人都有崇拜权威的心理，名人的话对谈话者来说总是具有一种特殊的魅力，因而也易于将对方的注意力集中起来。

心灵悄悄话 ✳

人际沟通要受情境的制约，人们注注根据时间、空间、双方关系等不同的情境来选择不同的话题，进行适当的沟通。

多用"所以"，少用"但是"

谈判的最高境界就是让谈判双方走向双赢，谈判就像分"蛋糕"，自己分得一定利益，同时要让对方知道他也能分得"一块"，这样"蛋糕"才能越做越大，在把握谈判方向上你才能一直占据主导地位。

为了使讲话的内容充分展开，首先要给对方留下这样的印象，即谈判的对手和自己谈论的是同一个内容。双方在发言中多少有点矛盾时，也应这样对人家说："我和部长之间只是表达方式和所处的地位不同，其实说的都是一回事。"把话引导到双方共同的目标上来，共同努力寻找到达这一目的的最短路线。

相反，彼此耿耿于怀，各朝各的方向发表议论，双方在心情上都会有一种蒙受了损失的感觉，于是相互抱怨自己损失的那一部分让对方赚去了。我们并不希望这样，因此必须给对方留下双方是为了共同的利益而坐在一起的印象，本着"我赚，你也赚"的精神进行商谈。故此，对话中应该尽量避免使用转折连词，使用过多，无论怎么解释也会形成一种相互对立的氛围。即使对方反驳自己，也不能用"但是"来接受。不管人家说些什么，一定要用"所以""正因为如此"等顺接连词来对付。

人际关系的发展不见得那么规范、那么完善。有些表达写进文章里显得文理不通，但在口头对话中往往没有什么异样的感觉。比如有两个女高中生在谈话，你站在客观的立场上听起来有些驴唇不对马嘴，可她们在那么一种特定的气氛里就能一直聊下去。两者之间的谈话不必100%吻合，其中有30%对不上，关系也能够融洽起来。所以，在理论上应当使用转折连词的地方，那时你用了顺接连词，谈话仍然可以继续，内容也没

有意外地发生变化。比如对方在指出缺点时问道："这种场合，你们应当如何处理？"这时可以回答："没什么，正在考虑对策。"也可以回答："所以，正在考虑对策。"两者的意思都讲得通，但以后者更好，因为它给人留下的印象是我们双方都在朝着同一个目标努力。

经过各种考验并能够从跌倒的地方很快地站起来的人，往往善于使用顺接连词。不想心甘情愿地接受对方的意见时也用"所以"开头把自己的意见坚持讲下去的人，应该说是强者。如果讲话过程中，无论受到怎样的攻击也不改变自己的论点，用转折连词来迎接对方的挑战，那么，谈判就在不知不觉之中误入了歧途。

心灵悄悄话

一个人除去睡觉之外，必须花费 70% 的时间用在人际沟通方面；在这些沟通时间中，分割方式为 99%，那么，阅读方式占 16%，口头沟通占 38%，其余 45% 的时间花费在倾听上。

巧妙而恰当地向对方发问

谈判,就是了解对方真实的需要,进而通过协商解决问题。无论是对方个人的需要,还是他们所代表的团体的需要,对于谈判的成功都是至关重要的。但这不是轻而易举的,你必须像福尔摩斯一样,运用各种技巧和方法,获得多种信息,才能真正了解对方在想些什么,谋求些什么。

提问是谈判的重要内容。边听边问可以引起对方的注意。为他的思考提供既定的方向;可以获得自己不知道的信息,尽量让对方提供自己不了解的资料;可以传达自己的感受,引起对方的思考;可以控制谈判的方向,使话题趋向结论。

谈判中提问切忌随意性和威胁性,从措辞到语调,提问前要仔细考虑。提问恰当,有利于驾驭谈判进程;反之,将会损害自己或使谈判节外生枝。

不同对手、不同阶段、不同问题必须不同对待。

问题问得巧,才是富有口才的标志。适时提问是掌握谈判进程、争取主动的一个机会。一般来说,提问有这么几种时机:

1. 在自己发言前后提问

谈判中,当轮到自己发言时,可以在谈自己的观点之前,对对方的发言提出设问。

此时并不一定要求对方回答,而是自问自答。这样可以争取主动,防止对方接过话头,影响自己发言。例如:"你刚才的发言要说明什么问题呢? 我的理解是……对这个问题,我谈几点看法。"

"价格问题您讲得很清楚,但质量怎样呢? 我先谈谈我们的要求,然

在自己充分阐述了己方的观点之后,为了使谈判沿着自己的思路发展,牵着对方的鼻子走,往往要进一步提出要求,让对方回答。

例如:"我们的基本立场和观点就是这样,您对此有何看法呢?"

"我们对产品的质量要求就是这样,请问贵公司能否达到我们的要求呢?"

2. 在对方发言完毕之后提问

在对方发言的过程中,不要急于提问。因为打断别人的发言是不礼貌的,容易引起别人反感。对方发言时,你要积极倾听。即使你发现了对方的问题,想急于提问,也不要打断对方,可先把想要问的问题记下来,等对方发言完毕再提问。这样,不仅显示了自己的修养,而且能全面地、完整地了解对方的观点和意图,避免因操之过急而曲解或误解了对方的意图。

3. 在对方发言停顿、间歇时提问

如果谈判中,对方发言冗长,或不得要领,或纠缠细节,或离题太远,影响谈判过程,那么,你可以借他停顿、间歇时提问。

例如:当对方停顿时,你可以借机提问:"您的意思是……"

"细节问题以后再谈,请谈谈您的主要观点好吗?"

4. 在对方情绪好时提问

现实生活中我们常常看到,有些人高兴起来一掷千金,反之,则一毛不拔。显然,人情绪的不同,对同一件事可以做出完全不同的反应。

谈判者受情绪的影响在所难免。谈判中,要随时留心对手的心境,在你认为适当的时候提出相应的问题。

例如,对手心境好时,常常会轻易地满足你所提出的要求,并且还会变得粗心大意,很容易露出口气。此时,你抓住机会,提出问题,通常会有所收获。

有些谈判者在提问时往往操之过急,对所提问题本身没有进行充分的思考,凭一时冲动脱口而出。这种提问常常不是显得冒失,就是提问者

自己前言不搭后语,让对方弄不清楚你所问的问题。结果,问题没有提成,反而留下笑柄,使自己难堪。

谈判中,双方的地位是平等的。一方有提问的权利,另一方有拒绝回答的自由。因此,提问与回答需要双方的相互尊重与共同合作。

心灵悄悄话

> 兴趣是一个人对某种客体的积极态度和认识倾向。它是人的个性倾向的一种具体表现形式,是一种心理活动。沟通和人际关系的建立都是以兴趣的共同性或相似性为基础的。

提前说出对方可能有的反对意见

把方案带到客户那里去的时候,应当事先就料到对方会提出哪几种反对意见。如果坐到谈判席上,在意想不到的情况下突遭对方的反驳后再支支吾吾地招架,则有失体面。

事先估计到人家会反驳,但只准备一些应答的对策还不够,仍容易被对方打败。在争论中占据上风并不是谈判的根本目的,充其量不过是谈判形势的走向问题。

那么,应当如何对待意料之中的反对意见呢?

当估计对方会予以反驳时,有这样一种对付的办法:在他们还没有说出之前,你让同伴将预料中的反面意见说出来,然后将其否定。

首先与同伴进行磋商,列举几条意想中的反对意见,事先布置好:"估计对方会以此为理由攻击我们,你先主动地把这个问题提出来!"在谈判中,当同伴讲出了这个意见以后,你马上指出:"不对,这种观点是错误的。"如此这般,将这些反对意见一个一个地化为乌有。同时,你方的几个人之间还可以故意发生争执。这样做不会在对方面前露出什么破绽,反而会在保全对方面子的情况下使其接受你方的方案。

反对意见多种多样,有的可以从理论方面回答,有的无法用语言去解释,只能凭自己的感觉去理解。对方提出的意见可以用道理来说明的部分很好处理,至于那些难以解释的问题,最好还是用内部争吵的方法来解决。比如数落自己的同伴:"你总是提出这类问题,什么时候才能有点出息呢?"只有这种语言才能处理好这种反对意见。

坐在谈判席上,总是有意识地将与会者分为说服的一方和被说服的一方,这种想法要不得。对方有 3 个人,你方也有 3 个人,我们应当把这看作与会的 6 个人正在共同探讨着同一个问题,而不是 3 比 3 的对话。

所以,你方的与会人员有时最好也处在相互敌对的关系上。因为如果总是保持一致对外的姿态,对方就会产生一种随时有可能遭到你方攻击的顾虑。把既成的事实强加于人,这是被说服一方最厌恶的一种做法。

当你方内部互相争论的时候,很容易形成一种在场的所有人都在议论的气氛,结论也仿佛是在对方的参与下得出来的。于是在大家的思想中能够形成一种全体参与、共同协商的意识。

但是,若只有你一个人在场的时候又该怎么办呢?

无论事先做过多么周密的准备,一旦到了谈判桌上,仍然会察觉到要有某种反对意见出现。这时,你可以假装说临来之前曾经听到公司里有人提出过这种意见。这样,当你发觉这种反对意见即将提出的时候,就抢先说道:"在公司里谈论这个方案的时候,有个家伙竟然这样说……"这么一来,不管持这种意见的人有没有,都会产生敲山镇虎的效果。说完以后,你还要征求对方有什么感想。听你这么一说,只要不是相当自信的人就很难说出"我也是这么想的"这句话。即使摩拳擦掌准备提出这种反面意见的人,也不愿落得与"这个家伙"相同的下场,只得应付说:"是嘛,这么说可就太奇怪了。"

用这个办法,将对方的反面意见压制住,哪怕只有一次,在以后的谈判过程中对方就不会轻易反驳了。你方大致预料到反面意见的内容时,抢先说:"谈到这里,肯定会有个别糊涂虫提出这么一种反对意见……"于是对方唯恐提出不恰当的反对意见,以后被人耻笑为"个别糊涂虫"。

还有一个办法:抢先说出对方从他们自己的立场出发所产生的不安和所要承担的风险。比如说:"我如果是经理的话,这种事情太可怕了,恐怕不敢瞎说。"或者说:"也有出现这种情况的可能,所以我如果站在经理的立场上,也许会想办法回避。"把自己所预料出现风险的可能性间接地表达出来。在达成协议还是谈判破裂的岔口上,语气再稍微强硬一些也未尝不可:"如果站在经理的立场上,我会认为,造成谈判破裂要比被

迫接受对方的条件可怕得多。"

无论怎么说，一定不能让对方把反对意见先说出口，这与你方的意见让对方说出令对方感到满足是一样的道理。对方的反对意见从你方嘴里说出来，这样做给人留下了对方反驳的观点你方已经研究透了的印象，就可以不费吹灰之力地将其扼制住。

提前说出对方可能有的反对意见，不仅能让对方认为你对他的思路已了如指掌，同时又可避免现在听到对方提反驳意见时发生的骚动。

心灵悄悄话

信念是人对现在或将来的某事件有把握的一种心理感觉。它是个性的内在心理倾向。信念可以分为政治信念、道德信念、科学信念和一般信念。

一点一点地提要求

在谈判的时候,谈判双方都想争取最大利益,这也正是谈判产生的主要原因。但是如何为自己争取最大利益呢? 如果一下子就把自己的终极要求提出来,对方一看你胃口如此之大,肯定非常生气,也会对你这个谈判对象产生不信任。

其实想要尽量得到自身最大利益的同时又不得罪对方,有一个很好的方法,就是用"切香肠"的方式一点一点地提出要求。

这就好像蚕吃桑叶一样,一点一点、一片一片地统统吃光的谈判策略,就是传统的"蚕食"谈判策略,又被称为"切香肠"策略。该策略的具体内容是:要想获得一尺的利益,则每次谋取毫厘的利益,就像切香肠一样,一片一片地把最大利益切到手。

"切香肠"谈判策略出自这样一个典故:在意大利,一个乞讨者想得到某人手中的一根香肠,但对方不给,这位乞讨者乞求对方可怜他,给他切一薄片,对方认为这个要求可以,于是答应了。第二天,乞讨者又去乞求他切一片,第三天又是如此,最后整根香肠全被乞讨者得到了。

一般来说,人们对对方比较小的要求容易答应,而对较高的要求就会感到比较为难。因此,有经验的谈判者绝不会一开始就提出自己的所有要求,而是在谈判的过程中把自己所需要的条件一点一点地提出,这样累计起来,就得到了比较优惠的条件。该策略在商务谈判中运用得十分广泛。

谈判桌上常常听到"不就是一角钱吗?""不就多运一站路吗?""不就是耽误一天吗?"等,遇到这种情况,应当警觉,也许对方正在使用"蚕食

计"。特别是在谈判双方讨价还价的阶段,有的谈判者总是试探着前进,不断地巩固阵地,不动声色地推行自己的方案,让人难以觉察,最终产生"得寸进尺"的效果。

如果你在谈判中想要得到更多,那就不要一下子提出所有要求,应该像切香肠一样,把自己的要求切成小片,切得越薄越好,而且提出一点点要求,都要给对方相应的"回报"。这种办法给人以一种假象,好像很"公平",让双方都感到满意,其实你在无形中已经占了对方很大的便宜。

房屋抵押贷款保险的服务对象为向银行申请分期贷款购买住宅的客户。客户一旦参加了这种保险,当遇到不可抗拒的因素而导致贷款人死亡,或者遭遇不测而不能偿还银行的分期贷款时,保险公司则代为缴纳,以分担银行和贷款人双方的风险。

一家刚刚成立的保险公司想要开展这方面的业务,但又比其他同行慢了一步。于是,他们决定采用新战术打开门路,以便在这一市场上占有一席之地。

经过一番周密的策划,公司派出业务员与银行洽谈:"我们公司正计划推行一种崭新的服务办法,我们绝不会像贵银行所指定的那家保险公司那样向客户叩头拜托,也不会像现在一些保险公司那样,客户一到银行办完贷款手续就马上登门推销。我们的办法完全两样,我们要用邮寄广告的方式来扩展业务,所以请贵银行把尚未加入保险的客户名单抄一份给我们。如果你们的贷款由我们的保险来做加倍保障的话,你们也可以放心了。"

对于这家保险公司的这种要求,银行方面没有理由拒绝接受,加之邮寄宣传的配合,经过一番努力之后,新的服务方式获得了极大的成功,占据了房屋抵押贷款保险业80%的份额。第一步取得了成功之后,这家保险公司又派出代表到各大银行游说:"目前我们公司已经争取到了整个市场80%的份额,你看我们该不该争取到100%?就这样,该公司成了当地唯一被银行指定的保险公司。

在这里，保险公司成功地运用了"切香肠"策略，取得了与银行谈判的成功。在蚕食的过程中，首先，从银行那里得到尚未参加保险的客户名单，用新的服务方式招徕越来越多的客户投保。其次，以初步的成功再向银行提出新的要求，进而争取到100%的当地市场份额。最后，以取得的成功为基础，采取同样的策略向全国出击，最终在同行业中遥遥领先，从而实现了自己的最高目标。

心灵悄悄话

价值观又称人生价值观，是指一个人对周围的客观事物（人、物、事）的意义和重要性的总评价和总看法，也即人们对人生意义的看法和衡量人生价值的标准。理想和价值观会影响人际沟通的内容和价值取向。

不与对方发生争执

在各种各样的谈判中,常伴随一些不利因素,例如双方交谈时,对方怨天尤人,埋怨产品不好,希望能换一个品种,或者对服务不满,提出强烈的抗议等。要消除这些不利因素需要有耐心,要心平气和,而且要讲究策略。

普瑟是美国的一位有影响力的汽车推销员,他对各种汽车的性能和特点了如指掌。本来,这对他的推销是极有好处的,但他喜欢争辩。当客户过于挑剔时,他总要与顾客进行一番嘴皮战,而且常常令顾客无话可说,事后他还不无得意地说:"我令这些家伙大败而归。"

可是经理批评他:"在舌战中你越胜利,事实上你就越失败,因为你会得罪顾客,结果你什么也卖不出去。"后来,普瑟认识到了这个道理,变得谦虚多了。

不久,他去推销怀特牌汽车,一位顾客傲慢地说:"什么,怀特?我喜欢的是胡雪牌汽车。这种车你送我都不要!"普瑟听了,微微一笑:"你说得不错,胡雪牌汽车确实好,该厂设备精良,技术也很棒。既然你是位行家,那咱们改天来讨论讨论怀特牌汽车怎么样?希望先生能多多指教。"于是,两个人便开始了海阔天空式的讨论。普瑟借此机会大力宣扬了一番怀特牌汽车的优点,终于做成了生意。普瑟后来成为美国极有影响力的推销员。

为什么普瑟以前争强好胜却遭到批评,而后来不再与顾客争辩反而成了有影响力的推销员？这里他掌握了一个重要原则，那就是：**交易中不宜争辩。因为有可能越争辩越走题，从而给对方造成错觉。**

这里需要提及的是应注意两个方面：

1. 交易是双方获益的事，不是你死我活的斗争

有人形容"商场如战场""商场是不流血而流钱的战争"。此话不无道理，但如果把这场"战争"理解为一场仅仅依靠唇枪舌剑来拼个你死我活，那就大错特错了。

交易双方无疑是一对矛盾，交易中卖方主要是实现赢利的目的，收回商品的全部价值；而买方却企图用最低的价格换取商品的使用价值，这两者间的利益关系的矛盾是不可避免的。但交易中却存在着一个基本的原则和特征，就是交易目的的两重性，它是互惠互利的。

如果你是位有影响力的谈判者，你只有使这两方的利益协调统一起来，交易方能获得成功。因此，交易中绝不应是双方立场观点的争辩与反驳，而是为寻求互惠互利，使双方都能欢悦地接受协议而进行实事求是的讨论与相互合作。即使在这个过程中讨价还价，也只能采取讨论协商的方法，而不能一味坚持己方立场。

2. 交易中应该顾客至上

作为一个有影响力的企业，应该讲究信誉，进行商品交易时对买方的意见与抱怨应分清是非。

有的企业为维护面子，绝不容忍对自己商品进行挑剔，如果顾客说的意见稍微离开事实，他们就会奋起反击，使买方哑口无言。其实这是一种错误的观念。

有影响力的企业的信誉当然很重要，它是企业的生命。但任何企业及其经营的商品都不可能是无可挑剔的。企业的信誉不但来源于商品的质量优良、款式新颖、价格适宜、功效实用，而且来源于科学、严格的管理，来源于较好的经济效益和热情谦逊的服务态度。企业的信誉是靠全体员工为顾客提供热情周到的服务来建立和维护的。所以，作为一位有影响力的推销人员，又怎么能要求顾客的一切异议都必须完全合理呢？解决

问题的关键不在于他能不能有理有据地驳倒对方异议中的不合理因素，而在于首先牢固树立"顾客是上帝"的宗旨，并由此去理解顾客的不满，了解到他们提出异议的合理性和可理解性，从而更加欢迎顾客的批评意见，以改进自己的服务，化解顾客的不满和怨愤。

心灵悄悄话

信任程度是人际沟通的重要因素。它有利于一方说服另一方。对同一问题，人们对来自自己信任的人的信息的信任程度，时常超过通过其他渠道得到的信息。

第三篇

谈判成功有策略

谈判的形式各不相同，但基本要素不变。无论要解决一个还是多个问题，一方还是多方参与谈判，无论是有规定的程序，如集体谈判，还是随机应变，比如与劫机者谈判，原则谈判都完全适用。不论对手有无经验、是否友善，它都能发挥作用。

一次成功的谈判，应该是双方达成协议，各有所得，互利互惠。原则谈判是一种通用的策略，它与其他所有方法都不同，如果谈判对方也掌握这种方法，那么谈判不会因此更加艰难，而是变得更加容易。

谈判中的语言使用

许多人认为,谈判是高层次的活动,与普通人没有关系。其实不然,谈判对现代人来说是很重要的,无论是经商,还是应聘中与考官的谈判等,谈判中语言的应用都关系到你的成败。学会使用谈判中的语言,对我们每个人今后的生活和处事是特别重要的。

语言表达能力是每个谈判人员必须具备的基本素质之一,语言运用能力的大小高低,必然会造成谈判效果上的差异。

一次成功的谈判,应该是双方达成协议,各有所得,互利互惠。因此,谈判各方不管力量如何悬殊,实力强弱如何不均,单就其关系来说是完全平等的,各方必须相互尊重,融洽友好的气氛是谈判得以顺利进行的重要条件。因此,谈判者必须使自己的语言表达文明礼貌、适当得体,使谈判始终处于一种友善气氛中,不满、出言不逊、恶语伤人,会给谈判造成障碍,甚至导致谈判的破裂。

谈判中的语言既是文明礼貌,又不能放弃一定的原则。怎样才能处理好两者的关系呢?对于每一个谈判人员来说,最有效的办法就是充分利用语言的艺术手段,有经验的谈判者常常借助于高超的技巧,富有文采的语言既能创造和谐、礼貌的气氛,又能明确地表述自己的主张和观点,维护自己的立场。

周恩来总理在谈判中日关系时曾引用了一句中国的熟语:"前事不忘,后事之师",既显得大度不失友好,又明确地暗示了中日历史及未来的原则立场。又如,中美断交20多年后,尼克松总统首次来华访问,双方领导人见面之时,美国总统尼克松说了一句"我们都是同一星球上的乘客",巧妙地表明了中美建交具有共同的基础,短短一句话,成功地创造了一种良好的氛围,使双方的心理距离得以缩短。

在谈判时,避开对方正常的心理期待,从一个对方认为不可能的地方进行突击,这就非常有可能让对方的思维判断脱离预定轨道,等到对方的心理逐渐适应你的思维逻辑时,再转而实施正面突击,常常会出现"山重水复疑无路,柳暗花明又一村"的奇迹。

有一年广东玻璃厂率代表团与美国欧文斯公司就引进先进的浮法玻璃生产线一事进行谈判。双方在部分引进还是全部引进的问题上出现了分歧,却还是冷静地分析了形势,将直接讨论变为迂回讨论。

"全世界都知道,欧文斯公司的技术是第一流的,设备是第一流的,产品也是第一流的。"我方首席代表转移了话题,先来了三个"第一流"诚挚而又中肯地称赞了对方。

"如果欧文斯公司能够帮助我厂跃居中国的第一流,那么全中国人民都会感谢你们。"

刚刚离开的话题,此时似乎又转了回来,由于前面的迂回已解除了对方心理上的对抗,所以对方听到这些话时,显得顺耳多了。

"美国方面当然知道,现在,意大利、荷兰等几个国家的代表团,正在同我国北方省份的玻璃厂进行引进生产线的谈判,如果我们这个谈判因为一点小事而归于失败,那么,不但是我们广东玻璃厂,更重要的是欧文斯公司将蒙受巨大的损失,这损失的不仅是生意,更多的还是声誉。"

这里我方代表既没有直接提到谈判中的敏感问题,也没有指责对方缺乏诚意,只是用"一点小事"来轻描淡写,目的是冲淡对方对分歧的过度关注;同时,指出万一谈判破裂将会给美方造成巨大的损失,替对方考虑,这一点,对方无论如何是不能断然拒绝的。

"目前,我们的确因资金有困难,不能全部引进,这一点务必请美国

同行理解和原谅，并且希望在我们有困难的时候能伸出援助之手，为我们将来的合作奠定一个良好的基础。"

经我方代表的迂回陈述，据理力争，僵局终于打开了，协议签订了，并为我国节约了几百万美元的外汇。

谈判时，礼貌、委婉、许而不定的圆滑的表达方式称为模糊语言，亦可称外交语言。

有些场合，会出现一些不能直接回答但又不能不回答，或一时无法回答但又必须回答的问题，就可以用模糊语言来避其锋芒，作出弹性的回复，以争取时间做必要的研究和制定对策。

在国际交往中，客人友好地邀请主人去客国访问，主方按礼节答应下来了，但往往由于种种原因，不能轻易确定具体日期，于是常以模糊语言作答："我将在适当的（方便的）时间去贵国做客。"既显得礼貌而又不失灵活。模糊语言在谈判中运用得当，可以起到拉拢对方、摆脱困境、缓冲矛盾、争取机会的良好效果。

幽默是一种健康优美的心理品质在语言以及行为中的表现，尤其是在语言的运用中，更是一个人思想、学识、智慧、灵感、修养、道德等的高水平结晶的体现，恩格斯也曾说："幽默是具有智慧、教养和道德上的优越感的表现。"

谈判各方正襟危坐、言谈拘谨严肃时，一句幽默的话往往能妙话解颐，举座皆欢，使双方的关系更加融洽轻松。

如某厂长在接待来访者时，对方称赞他说："你在厂里是很有魄力的头儿吗？"厂长说："那当然，不仅在厂里我是头，在家里我也是头。""那你妻子呢？""她是脖子，头想往哪转都得听脖子的。"双方都开怀地笑了，感到一种随和亲近的关系。有一句得体的幽默语会消除一场误会，一句巧妙的幽默语言能胜过许多淡而无味的攀谈。当年，在社会主义改造运动中，上海曾经有一位老教授因为基层干部的作风粗暴，竟投河自杀，后被人救了起来。陈毅市长知道后，把这位干部狠狠地批评了一顿，还要他主动向老先生赔礼道歉。后来在一次高级知识分子大会上，陈毅风趣地对那位老教授说："我听说呀，真是读书一世糊涂一时，共产党搞思考改造，难道是为了把你们整死吗？我们不过想帮大家卸下包袱，和工农群众一道前进，你为啥偏要和龙王爷打交道，不肯和我陈毅交朋友呢？你要投河也该先打电话给我，咱们再商量嘛！当然啦，这件事主要怪有的干部不懂政策，也怪我陈毅教育不够。"

在这里，陈毅故意用这种幽默语言来促使这位老教授放下思想包袱，在微笑中得到教诲。

幽默语言有时也能使局促、尴尬的谈判局面变得轻松和谐。据说第二次世界大战期间丘吉尔到美国与罗斯福会谈，因为盟军有些问题一直未得到解决。谈判间隙，丘吉尔正在自己的客房沐浴，此时，罗斯福恰好推门进来，看到丘吉尔挺着大肚子躺在浴缸中，双方感到有些尴尬，丘吉尔幽默地解嘲说："我这个首相在你这个总统面前真可以说是毫无隐瞒了。"他既为自己解了围，同时还暗示丘吉尔自己的谈判态度。

谈判中常常需辩论，辩论激化了，免不了咄咄逼人，又常导致谈判氛围恶化。因此，在辩论中运用幽默语言，于己方可避免咄咄逼人之气势，也可给运用者增添魅力与雄辩的力量，同时也可体现运用者"每临大事有静气"的素质、信心与风度，令对方相形见绌，从而在气势上先声夺人。人们普遍认为，在辩论中运用幽默语言者往往拥有心理上的优势，于谈笑挥洒自如之间，轻松地瓦解对方的攻势。

在这个纷繁复杂的社会中，我们时时处处需要谈判，谈判对我们而言，就像家常便饭一样稀松平常。每个人都需要谈判，而不仅仅是政府官员或者外交官。我们希望涨薪水，我们希望用最少的钱买一套房子，甚至在处理某一件事情上与别人的意见相左时，需要用谈判来达成协议等等。哈佛商学院流传着一句格言："世界上的一切都是可以谈判的。"

我们常常羡慕那些能言善辩的谈判专家，他们的谈判技巧为大家所

折服,他们往往能通过各种谈判技巧,顺利达成自己的心愿。其实,他们一开始并非那么出色,多半是由于后天的努力获得的一种能力,你只要努力也完全可以像他们一样出口成章。哈佛大学谈判研究中心最先正式提出事实谈判法或原则式谈判,即哈佛谈判术。历经数百年,哈佛商学院已经形成了一套称雄全美的商务谈判训练体系,它保证把每一位从哈佛商学院走出去的 MBA 都塑造成令对手闻之色变的超级谈判家。哈佛谈判术同样对于我们每一个人都具有重要的意义,掌握了哈佛谈判技巧会让我们无往不胜。

心灵悄悄话

人们可以运用种种手段和计谋占你的便宜。每个人都略知其中一二,例如谎言、心理攻击以及其他各种施压手段。这些手段是违法和不道德的,或者是让人感到不快的,其目的都是帮助使用者在非原则意志较量中"赢得"某些实际利益,我们称这种手段为诡计式谈判。

知己知彼，占领主动

　　20 世纪 80 年代初，哈佛商学院教授、美国谈判学会会长杰勒德尼尔伦伯格创立了全球规模最大的专业谈判公司——"无敌谈判中心"，该中心每年至少在世界各地举办 1000 场谈判研习会，为来自各界的企业精英讲授谈判策略和技巧，其客户包括名列《财富》500 强的一半以上企业。

　　谈判，广义而言，就是要通过各种非武力的手段来使对方接受自己所提出的条件，达到自己的目的。一个谈判者如果忘记了自己所要达到的目的，是非常滑稽可笑的。然而，这种看来不可能有的现象的确存在着。

　　平庸的谈判者在有着高超的谈判技巧的人面前往往显得呆滞而可笑，他们往往为对方的烟雾所迷，被对方牵着鼻子走进早已设置好了的圈套，而且茫然不觉，完全忘记了自己是在干什么，自己此行的目的是什么。因此，我们说，在谈判中时刻牢记自己的目的是什么，是完成谈判任务的基本点之一。

　　一个谈判者，如果为个人而谈判，就必须忠实于"个人"；如果为一个集团而谈判，就必须忠实于这个集团；如果是代表国家而谈判，那么更是要绝对忠实于国家的利益。要时刻把自己谈判服务对象的根本利益放在心中，必须为保护和扩大这一利益而进行不懈的努力，这是谈判者必须镌刻在心中的基本原则。具体的操作过程可以灵活多变，但是这一基本原则不能改变，甚至不能有一刻的模糊。

　　为了牢记自己的谈判目的，不妨事先做一个简单的备忘录，用十至二十个字简单明了地记录谈判的目的，如果谈判者无法简单归纳谈判的目的，那就说明谈判者头脑里对谈判目的不明确，需要整理思绪，对最初的

谈判方向进行调整,力争能用二十字表达清楚自己的谈判目的。

正确估量自己。掌握足够的信息是认识自己的前提,任何通过表面判断的标准,都是不可靠的,在估量自己时必须选择那些可靠的信息,通过信息分析估量自己的实力,很多谈判者喜欢用容易获得的资料、信息来评估情况,其实是非常错误的。对自己的情况要去深入地了解,才能做到心中有底,不会慌乱,才能在谈判中占据主动。

在正确估量自己的前提下,估量别人的实力。知己知彼,才能占领主动地位。那么如何才能尽快了解别人呢?

一个人不可能完全把自己伪装起来,他的真正面目往往在一些嗜好性的外在行为中表露出来。比如:手粗皮厚,多半是个体力劳力者;不修边幅,拖拖沓沓,就可能生性懒散,没有自制能力。当然,也可能是艺术家型的超脱不拘。如果一个男人经常在你面前就一些无关紧要地问题絮絮叨叨,没完没了,那么他可能是一个缺乏主见、遇事犹豫不决的人。只要留心观察,不难看出对方的内心情绪和性格类型。

"二战"期间,盟军司令巴顿将军与纳粹德国陆军元帅隆美尔相遇。大战爆发前夕,巴顿找到一本隆美尔的军事论著,着重看了其中有关装甲部队作战方式的部分。果如巴顿所料,隆美尔所用的正是书上所述及的战术。巴顿根据事先精心设计的计划,一举破之,大获全胜。

要了解一个人,方式有很多种,可以找他本人交谈,也可以查阅他的有关言论著作,还可以找与他交往、接触甚密的人,当然,这种接触要越深越好。因为假如这个第三者与你要了解的人有很深的交往,那么他对被了解人的性格特征、优点特点必定有深入的了解,这对于你的谈判来说,具有很高的价值。

然而,也不排除这可能是一个圈套、一个陷阱。千万别忘了,所谓人心隔肚皮,人言只可信三分,谁敢保证你听到的信息中没有个人感情因素存在呢。因此,你必须考虑到以下几种情况:

（1）信息提供者是否是一个特别喜欢夸大其词的人。

（2）信息提供者是否对你要了解的人即你的谈判对手抱有敌对态度。

（3）信息提供者所提供的资料是不是谈判对手故意泄露出来的，或者资料提供者与谈判对手早就串通好了。

特别是第三种情况，在当今世界经济领域大量存在。故意制造、传播假情报以诱使对方上当的行为已经成为一种被广泛使用而又使人难以预防的"战术"。这就要求我们在千变万化、虚实难测的谈判中，去伪存真，窥测到关键性内容。

在谈判开始之前，对于谈判对手的学术著作、演讲稿、讲话稿甚至只言片语的言谈记录，都有仔细研讨、分析、思考的必要，特别是演讲稿（根据即兴演讲所作的记录）、只言片语的访谈记录所传达的信息由于未经推敲、整理、润饰、修正，就显得更为直接、真实，更有利用的价值。

心灵悄悄话

在许多情况下，之所以不能认真倾听，注注是由于肌体和精神的准备不够，因为倾听是包含肌体、感情、智力的综合性活动。在情绪低落和烦躁不安时，倾听的效果不会太好。良好的精神状态要求倾听者集中精力。

摸清对手类型，制订谈判方案

在谈判之前，应该制订可供选择的方案。

事先制订方案，可以避免临时决定的极端和片面。

美国石油大亨、哈佛大学管理学名誉教授大卫托迪曾说："你一生中，不计其数的谈判对手等着你粉墨登场，'对症下药'，这句中国人的老话千万别忘了，否则，你的表演只能赢得倒彩，只能让别人登台了。"

谈判是一场性格大战。我们的谈判对手可能千差万别，无论经验如何丰富，也很难做到万无一失。因此，对于各种不同的谈判对象，可以视其性格的不同而加以调整，采取不同的策略。一般而言，在谈判中我们根据对手的性格特征总结为以下类型：

强硬型对手。强硬型的谈判对手往往表现为情绪激烈，容易激动，态度强硬，在谈判中他们一贯趾高气扬，不习惯也没耐心听对方的解释，总是按着自己的思路走，自以为是。尽管他们片面的主观认识愚蠢透顶，但是他们却不以为然。

如果你遇到这样的谈判对手，你最好做好心理准备，准备应付各种尴尬局面，并在耐心应对的基础上理直气壮地提出你的要求，亮明你的观点和原则。

强硬型对手在谈判过程中，有的总是摆出咄咄逼人、不甘示弱的架势；有的沉默不语，有的对于谈判条件干脆一口回绝，绝无回旋的余地。强硬派之所以如此"硬"，当然有一点原因不可否认，那就是他们拥有优势。

在谈判之中，表现强硬的一方很多时候是受了上司的指示故意这么做的。所以遇到这种情况，你可以直接去找对方的上司申诉，要求他答应你的条件，解决你遇到的问题。当然，你去找对方的上司时最好不要满脸怒气，高声吼叫，要明白你到这里来的目的是求得和解。所以，你最好心平气和，把事件发生的过程向对方仔细陈述，表明你受的损害有多么大，希望得到哪些补偿……找对方的上司不失为一个好办法，这样既可避免上法庭，又可借着上司的行政压力而解决问题。所以，这也是取胜的保证。

坦率型对手。这种对手的性格使得他们能直接向对方表示出真挚、热烈的态度。他们十分自信地步入谈判大厅，不断地发表见解。他们总是兴致勃勃地开始谈判，乐于以这种态度取得经济利益。在磋商阶段，他们能迅速把谈判引向实质阶段。他们十分赞赏那些精于讨价还价、为取得经济利益而施展手法的人。他们自己就很精于使用策略去谋得利益，希望别人也具有这种才能。

这种类型的谈判对手，往往会把准备工作做得相当完美，他们直截了当地表明他们希望做成的交易、准确地确定交易的形式、详细规定谈判中的议题，然后准备一份涉及所有议题的报价表。陈述和报价都非常明确和坚定。死板人不太热衷于采取让步的方式，讨价还价的余地大大缩小。与之打交道的最好办法，应该在其报价之前即进行摸底，阐明自己的立场，应尽量提出对方没想到的细节。

攻击性强的对手。遇到攻击型的谈判对手，最好避其锋芒，击其要害。攻击型对手其实有别于强硬型对手的一种。强硬型的谈判对手有时仅仅采取防御姿态坚持自己的原则立场，而攻击型却是有目的有针对性地向你进攻，迫使你屈服，不给你反抗的余地。

攻击型的对手往往能寻找到一些理由加以攻击，并不是无中生有，因此，面对攻击型的对手如何应付就成了个难题。攻击型的对手表面上看并不都是那么吓人，击败他的关键之处是要找到要害，也就是其理由不足之处。掌握了这一点，你也可以套用对付强硬派的手法来对付他，只要对

方的气焰一灭,你再采用有理有节的方法与之对垒,用让他害怕的方式来威胁他,使他明白事情的轻重,不敢再闹。

对付这类人,你必须注意的一点就是:切莫惊慌,惊慌往往自乱阵脚;也不要过于愤怒,过于愤怒会没有分寸,自乱阵脚而失去分寸,那必受害无疑。

搭档型对手。搭档型对手的表现是:当谈判开始时,对方只派一些低层人员作为主谈手。等到谈判进入到快要达成协议时,真正的主谈手突然插进来,表示刚才的己方人员无权做主决定,或是刚才的价格过低,或者是时间不能保证。当你表示失望或觉得一切都完了的时候,对方会说:"如果你确实急需,我也可以卖给你,但至少在价格上要做些调整……"你此时往往无可奈何。因为谈判进行到这个时候,你已完全摊开了底牌,对方已掌握了你谈判的一切秘密,如果你想达成协议,除了做出让步外别无他法。

因此,谈判必须是在有准备的情况下进行。谈判之初,你必须了解对手是否有权在协议书上签字,如果他表示决定权在他的上司那里,那你应坚决拒绝谈判。但是,也有另外的办法来应付这种情况。那就是,既然对手派的是下层人员与你谈判,你也不妨让下属人员去谈判或由别人代替你去谈判,待草签协议之后,你再直接与对方掌权之人谈判,这样,你将获得较大的转换空间,不至于到关键时刻出现被动,被别人牵着鼻子走。

犹豫型对手。犹豫型对手非常注重信誉,特别重视开端,往往会在交际上花很长时间,其间也穿插一些摸底。经过长时间、广泛的、友好的会谈,增进了彼此的敬意,也许会出现双方共同接受的成交可能。与这种人做生意,首先要防止对方拖延时间和打断谈判,还必须把重点放在制造谈判气氛和摸底阶段的工作上。一旦获得了对方的信任就可以大大缩短报价和磋商阶段,尽快达成协议。

面对以上所举的五种谈判对手,你可以采取以下策略加以应对:

坚持一切按规矩办事的原则。当强硬型对手、攻击型对手强迫你接受他们的条件时,你应拒绝受压迫,而且坚持公平公正的待遇,坚决按规矩办事。

当对方采取过分要求胁迫你时,可以请他解释为什么会产生这样过分的要求。

采取沉默态度。有时候沉默是最有力的武器之一,尤其是对付两极派更是如此。

适时改变话题。在对方提出过分要求时,最好假装没听到或听不懂他的要求,然后将话题转移。

应多问问题。只有问问题才能避免对方进一步攻击。尽量问"什么",而避免问"为什么"。问"什么"时,答案多半是事实,问"为什么"时,答案多半是意见,就容易产生情绪,不利于谈判的顺利进行。

心灵悄悄话

在倾听时,要保持公正,注意不要先入为主。你的价值观念、信仰、理解方法、期望和推测都会导致先入为主而成为妨碍你倾听对方讲话的"有色眼镜"。

调节好谈判的"温度"

要善于创造良好的谈判气氛。动作和手势是影响谈判气氛的两大重要因素。

谈判大幕拉开后，谈判双方正式走向谈判舞台，开始彼此间的接触、交流、摸底。当然这也仅仅是开始，它离达成正式协议还有相当长的距离。但在谈判开始阶段，你首先要做好一项非常重要的工作，那就是营造洽谈的气氛，调节好一个最恰当的谈判"温度"，它对谈判成败关系重大。

谈判双方的态度能够影响谈判人员彼此的心理、情绪和感觉，从而引起相应的反应，这个反应的集合就构成了谈判的气氛。积极友好的气氛对一次谈判将有很大好处，它能使谈判者轻松上阵，信心百倍，高兴而来，满意而归。

美国著名的演讲口才大师卡耐基曾说：**"对于任何谈判者，理想的气氛应是严肃、认真、紧张、活泼。"**这是总结了历来胜利而有意义的谈判气氛而得出的一个伟大结论。他建议每位谈判者努力为你所进行的谈判营造这一良好气氛，这事关全局。

谈判气氛在多数情况下是人为营造的，而非自然形成。不同的谈判气氛对谈判者来说都能感觉到，能运用谈判气氛影响谈判过程的谈判者，自是聪明之人，他们知道，谈判气氛对谈判的成败关系重大。

谈判气氛形成后，并不是一成不变的。本来轻松和谐的气氛可以因为双方在实质性问题上的争执而突然变得紧张，甚至剑拔弩张，一步跨入谈判失败的境地。这时双方面临最急迫的问题不是继续争个"鱼死网破"，而是应尽快缓和这种紧张的气氛。此时诙谐幽默无疑是最有力的武器,最能发挥其优势。

卡普尔任美国电报电话公司负责人时,在一次董事会上,众位董事对他的领导方式提出质疑,会议气氛非常紧张。

一位女董事发难道:"公司去年的福利,你支出了多少?"

"900 万。"

"天啊,你疯了,我真受不了!"

听到如此尖刻的发难,卡普尔轻松地用了一句:"我看那样倒好!"

会场意外地爆发了一阵难得的笑声,连那位女董事也忍俊不禁,紧张的气氛随之缓和下来了。

谈判室是正式的工作场所,容易形成一种严肃而又紧张的气氛。当双方就某一问题发生争执,各持己见,互不相让,甚至话不投机、横眉冷对时,这种环境更容易使人产生一种压抑、沉闷的感觉。在这种情况下,可以建议暂时停止会谈或双方人员去游览、观光、出席宴会、观看文艺节目,也可以到游艺室、俱乐部等处娱乐、休息。这样,在轻松愉快的环境中,大家的心情自然也就放松了。更主要的是,通过玩游戏、休息、私下接触,双方可以进一步增进了解,消除彼此间的隔阂,增进友谊,也可以不拘形式地就僵持的问题继续交换意见,寓严肃的讨论于轻松活泼、融洽愉快的气氛之中。这时,彼此间心情愉快,人也变得慷慨大方。谈判桌上争论了几个小时无法解决的问题,在这儿也许就会迎刃而解了。

活跃气氛的另一种绝好方法就是寒暄。寒暄可以拉近彼此的距离,但必须谨记:寒暄要恰到好处。在进入谈判正题之前,一般都有一个过渡阶段,在这阶段双方一般要互致问候或谈几句与正题无关的话题。如来会谈前各自的经历、体育比赛、个人问题以及以往的共同经历和取得的成功等,使双方找到共同语言,为心理沟通做好准备。

肢体语言要得体。动作和手势也是影响谈判气氛的重要因素,特别值得注意的是,由于各国、各民族文化、习俗的不同,对各种动作的反应也

不尽相同。比如，初次见面时的握手就颇有讲究，有的外宾认为这是一种友好的表示，给人以亲近感；而有的外宾则会觉得对方是在故弄玄虚，有意谄媚，就会产生一种厌恶感。因此，谈判者应事先了解对方的背景、性格特点，区别不同的情况，采用不同的肢体语言。

开局破题要引人入胜。如果说开局是谈判气氛形成的关键阶段，那么破题则是关键中的关键，就好比围棋中的"天王山"，既是对方之要点也是我们之要点，因为双方都要通过破题来表明自己的观点、立场，也都要通过破题来了解对方。由于谈判即将开始，难免会心情紧张，因此出现张口结舌、言不由衷或盲目迎合对方的现象，这对下面的正式谈判将会产生不良的影响。为了防止这种现象的发生，应该事先做好充分准备，做到有备而来。比如，可以把预计谈判时间的5%作为"入题"阶段，若谈判准备进行一小时，就用三分钟时间沉思；如果谈判要持续几天，最好在谈生意前的某个晚上，找机会请对方一起吃顿饭。

要讲究表情语言。表情语言是无声的信息，是内心情感的表露，包括形象、表情、眼神等。谈判人员是信心十足还是满腹狐疑，是轻松愉快还是紧张呆滞，都可以通过表情流露出来，是诚实还是狡猾，是活泼还是凝重也都可以通过眼神传达出来。谈判人员不但要注意对方的表情，还应时刻注意自己的表情，积极通过表情和眼神表示出自信以及友好，以及和对方谈判合作的愿望。切记不可喜形于色，做出非常夸张的表情会影响谈判的气氛，不利于谈判的顺利展开。

心灵悄悄话

在倾听过程中，恰当地提问，往往有助于相互沟通。沟通的目的是为获得信息，是为了知道彼此在想什么，要做什么，通过提问可获得有关信息，同时也从对方回答的内容、方式、态度、情绪等其他方面获得信息。

谈判中的礼貌用语和禁忌

谈判的重点是利益不应该是立场。谈判人员应该将利益即谈判的目标作为讨论的重点，而不要争执立场问题。

谈判高手在谈判过程中都能展现出一种宽容大度、温和礼貌的形象，以营造一种融洽友好的气氛，即使他们和谈判对手的利益与立场的对立已经十分严重。事实上，他们的努力收到了应有的效果，礼貌的确能够使交谈双方的心情变得更好，更加容易接受别人的意见和建议，也更加愿意满足别人的一些需求，这些谈判高手的方法值得我们借鉴。

在谈判的过程中，适当地运用礼貌用语，就会收到意想不到的效果。如果你和你的谈判对手因为某个问题而产生了矛盾，无法达成一致的意见，不妨说："不好意思，可能我搞错了，让我们再分析一下。"对方一定会把自己因反对你而建立起来的心理屏障拿掉，跟你一起进行分析，这就是礼貌用语的威力。

让众多谈判者感到为难的是，他们虽然想有礼貌，但却不愿意丧失自己的原则。表面上看起来，这两者似乎是矛盾的，但是实际情况却并不如此。

对一个谈判者来说，既要有礼貌，又要不丧失原则的方法是，充分地利用自己的语言技巧。正像一个说话高手一样，礼貌只是表达自己的看法的手段，而绝不是目的。有经验的谈判者，往往会借助高超的技巧，委婉、含蓄、间接地发表自己的意见。如果说他们的意见有可能会伤害对方的话，他们不会把它表达出来，而会选择另外一种让对方可能接受的方式，丝毫不会影响到自己想要表达的意思。在这里主要介绍三种在谈判

中经常用到的礼貌用语：

谦虚的语言。谦虚能够促成谈判的成功。在没有听清楚或弄明白对方的谈话、有关专业词汇时，有的谈判者似乎害怕说出来会影响他的形象，因此避免说出来。其实，适当地表示自己有不明白的地方能够得到对方的好感，也更加容易得到对方的帮助。那些趾高气扬，号称自己无所不知、无所不能的人，却容易引起对方的反感，因而也会勾起对方挑战的欲望。因此，适当地说"我不太清楚""这个词是什么意思"这样的话，对你谈判是有作用的。

称赞的语言。适时地对称赞对方，有利于谈判的成功。每个人都希望受到别人的尊重和欣赏，喜欢被人称赞，这是人的天性使然。当对方说了一句精彩的话，或者做出了某个决定的时候，适时地称赞对方做得出色，这样能够为你赢得好感，从而使谈判对你更加有利。

感谢的语言。当对方称赞你或者同意你的某个意见的时候，对他表示感谢。这个词是被运用得最广泛的一个词，在谈判桌上它仍然有效。任何人都希望自己被人重视，希望自己能够为别人有所帮助，因为这能够体现他的价值。

谈判中，应该注意避免犯那些不该犯的错误，即避免谈判时的一些禁忌。这些禁忌使气氛变得不和谐，甚至双方对立：

忌咄咄逼人。许多谈判者喜欢在各方面压倒对方。一旦对方提出某一个观点或建议，他们马上就劈头盖脸地进行反击，似乎想封住对方的嘴巴。当然，他们的原意并不如此，而只是急于表达自己的看法，让对方接受自己的建议，但这样的做法却是愚蠢的。

忌弄虚作假。掩盖缺点，夸大优点，不顾事实地胡编乱造。一旦被对方发现，就会失去对方的信任。谈判并不是一场你死我活的争斗，谈判的最终目的就是双赢。

忌信息不确定。有一些谈判者由于接受的东西过多，由于信息传播的途径问题，他们得到的消息往往是不确定的，甚至是自相矛盾的。他们用这样的不确定的信息作为自己的观点的论据。殊不知，当他的论据遭到怀疑的时候,他的观点也必然遭到质疑,从而失去说服力。

忌以自我为中心。谈判最忌讳以自我为中心,完全不考虑其他人的感受和需要。这些谈判者在整个谈判过程中,一直在说"我想……""我认为……""我需要……"等一些句子。他们希望对方满足自己的需要是没有错的,但却忽视了对方的想法和需要。要知道,这可是一场将要满足双方需要的谈判,而不是某一方的。

忌目中无人。许多谈判者认为自己在身份、地位或实力方面高人一等,在谈判中往往盛气凌人,他们认为对方是在请求自己给予好处。最后,谈判无法达成一致,对方可能的确受到了一些损失,但往往是自己受到的损失更大。

忌卑躬屈膝。与上一种禁忌相反的是,有些谈判者在谈判中企图以一种请求的态度达到自己的目的,他们扮演了可怜者的角色,希望得到对方的同情。遗憾的是对方并不如他们所愿,最后他们通常发现,自己所本来应该有的却没有得到,更不用提那些更多的奢望。他们把自己的位置摆得很低,对方就会把他们看得更低。

心灵悄悄话

> 俗话说:"沉默是金"。沉默就像乐谱上的休止符,运用得当,含义无穷,真正达到以无声胜有声之效。但一定要运用得体,不可不分场合,故作高深而滥用沉默。

以退为进，适时妥协

有计划、有效地让步，使你的让步发挥它的重要作用。让步不要违背你的原则，使让步成为你表明谈判诚意的标志。

哈佛谈判术要求坚持谈判的标准——谈判的结果必须依据某些客观标准。在双方利益难以协调的情况下，要想说服对方必须使用某些客观、公平的标准，使对方接受这个条件不会感到吃亏或屈尊，从而使协商得到公平的解决方案。

在谈判的过程中，谈判的双方都必须做出一定的让步，否则就很难达成一致的协议。既然是谈判，那么必然存在可以沟通的空间。如我们前面所说的那样，谈判者只是在尽量争取使达成的协议朝着对方的底线运动，而并不是一成不变地进行谈判。可以说，正是让步使谈判顺利进展。

必须要强调的是，**谈判者的让步也不是没有目的的、无原则地一味妥协退让**。有的谈判者在谈判的过程中，不打算做出任何让步。而与此相反的是，有的谈判者为了急于达到某个目标，于是就进行了毫无原则的妥协退让。两种做法导致了不同的结果，但对谈判者来说都是不利的。前一种做法使谈判者失去和对方达成协议的机会，后一种做法尽管和对方达成协议的机会增加，但协议对谈判者来说是不利的。

在谈判过程中，有时需要坚持自己的观点，有时应该做出一些让步。何时坚持原则、何时让步，是需要把控的。把握好时机、度是非常关键的。因此，我们在谈判中必须要讲究一定的策略，即在必要的时候才让步。谈判者在谈判中的让步，一般都是希望对方也同样能够做出让步。这样做有两方面好处，一是用自己的让步来满足对方的需求，对方才会满足你的需求；二是能表现出自己谈判的诚意，表达自己希望达成协议的意愿。

我们应该把让步当成是谈判整体策略的一部分，是为了达到自己的最终目标做出的一点牺牲。因此，应该有计划、有步骤地进行让步。在谈判开始之前的准备过程中，谈判者应该对自己可以做出的让步和对方应该做出的让步有清醒的认识，而不应该毫无头绪。要考虑对方底线和自己的底线，因为这两条底线应该是让步的最低限度。

谈判中，是否让步、如何让步，让步时必须掌握哪些原则呢？

首先，不要急于让步。在谈判的初始阶段，不要因为急于达成协议就匆忙让步。在大多数情况下，那些首先让步的人通常会处于被动的局面，因为这似乎在说明他更加希望达成协议。在这种情况下，对方一定会更进一步提出自己的要求，在谈判的心理攻势上也会占有优势。因此，尽量不要首先对对方让步。你必须保持自己对自己产品或服务的信心，让对方感到你的实力。

当然，在适当的时候，应该通过让步来表示自己的谈判诚意。必须让对方明白，自己是不得已才做出让步，只有这种让步才会是积极的让步，而且只能在次要问题上让步。因为次要问题上的让步是一些无关于原则性问题的让步，是为了达到自己的整体目标，可以说是谈判整体策略的一部分。这样的让步不会让你付出太多，而只会赢得最后的胜利。在损失很小的时候让步，如果那些次要问题的让步会导致你损失很大，那也一定不要让步。在特定的情况下，次要问题可能会带来比原则性的问题更加严重的后果。不能简单地用主要和次要标准来分析，在很多情况下，次要问题也可能会带来你无法承受的损失。

让每次让步小一点。如果你让步较大，对方可能会错误地估计你的底线，因此你更加难以取得一些效果。比如，你如果作为卖方，做较大程度的降价，这必然会让对方怀疑你的产品。而如果你每次都只是采取小小的让步，对方会认为他差不多已经使你达到了底线。因此，你们更加可能较快地达成协议。

正确估量让步的价值。自己每做出一定的让步，就要判断自己的让

步在对方心目中的价值。在此之前，你已经掌握到了对方的一些信息，了解到对方的策略和底线等一些重要信息，因此，你可以准确地预测到自己的让步所产生的后果。有时候，即使对你来说是很小的让步，对方却很在意，这种让步是应当的。而那些对方看来并不重要的让步，你也就没有必要让步。

拒绝对方提出的让步要求。当谈判对方提出让步的要求时，应该对对方要求进行仔细的考虑，务必慎重地下决定。有时候，对方所提的要求对你而言并不是大问题，但却与你的原则相冲突。在这种情况下，你需要拒绝对方的要求，不要因为你要达成协议就无原则地答应对方的要求。

·心灵悄悄话

沉默能松弛彼此情绪的紧张。若对方情绪化地说了些刻薄之词，事后往往会内疚、自省，但若你当场质问或反驳了，犹如火上浇油。这时若利用沉默战术，有利于平复双方情绪，也给对方自省的时间，继而改变态度，甚至聆听我们的话。

限定期限，出奇制胜

出其不意，发出最后通牒提出时间限制。在谈判中，期限能使犹豫不决的对手尽快做出决定。为了某种协议的需要。还采用一种虚假的、人为的限定。期限，又称为"最后期限陷阱"。

谈判专家科恩曾说：时间是除信息和权力之外影响谈判结果的主要因素之一。在谈判过程中，对于某些双方一时难以达成协议的问题，不要操之过急地强求解决，而要善于运用限定期限的谈判策略，规定出谈判的截止日期。在限定期限不可避免地来临之时，迫于限期的无形压力，对手就会放弃最后的努力，甚至迫不得已地改变原先的主张。这种策略又被称为"死线"。

在美国某乡镇有一个由十二个农夫组成的陪审团。在一次案件的审理过程中，陪审团中十一个人认定某被告有罪，只有一个人表示了不同的看法，认为该被告无罪。由于陪审团的判决只有在其全体成员一致通过的情况下才能成立，于是陪审团中认定被告有罪的这十一个人花了将近一天的时间劝说表示不同看法的那个人。此时，忽然天空中乌云密布，眼看一场大雨就要来临。那十一个农夫急着要在大雨之前赶回去，收回晒在外面的干草。可是，持不同意见的这位农夫仍然不为所动，坚持己见。那十一个农夫急得像热锅上的蚂蚁，他们的立场开始动摇了。随着"轰隆"一声雷鸣，那十一个农夫再也等不下去了，转而一致投票赞成持不同意见农夫的意见：宣判被告无罪。

在谈判中,有些谈判者拉出架子准备进行艰难的拉锯战,而且他们也完全抛开了谈判的截止期。此时,你的最佳防守兼进攻策略就是出其不意,发出最后通牒提出时间限制。这一策略的主要内容是,在谈判桌上给对方一个突然袭击,改变态度,使对手在毫无准备且无法预料的形势下不知所措。

美国底特律汽车制造公司与德国谈判汽车生意时,就是运用了限定期限而达到了谈判目标。当时,由于双方意见不一致,谈判近一个多月没有结果,同时,别国的订货单又源源不断。这时,美国底特律汽车制造公司总经理下了最后通牒,他说:"如果你还迟迟不下定决心的话,五天之后就没有这批货了。"眼看所需之物抢购殆尽,德方不由得焦急起来,立刻就接受了谈判条件,于是,一场持久的谈判才告结束。美国这家公司使用的就是限定期限,迫使对方最后做出了让步。可见,在某些关键时刻,这种方法还是大有裨益的。

在商务谈判中,有时为了某种协议的需要。还采用一种虚假的、人为的限定期限,又称为"最后期限陷阱"。一位客户要求美国一家保险公司偿付一笔赔偿费。保险公司开始答应得很痛快,并且其清算赔偿人还特意告诉客户,他下个星期一就要去度假了,所以建议客户最好在本周星期五把所有的资料都带到保险公司去,他们稍做检查后,就马上开支票给他,以了结此案。这位客户信以为真,于是加班加点辛苦,终于在星期五下午把一切资料都准备妥当。到了保险公司,当清算赔偿人检查完资料之后,很抱歉地对客户说还必须向上级请示一下,等他请示回来以后,却遗憾地对客户说,公司只能赔偿所要求的数额的一半。这位客户顿时感到不知所措,因为他面临一个十分不利的谈判形势:要么他马上同保险公司谈判,匆匆做出决定;要么他必须等待清算赔偿人度假回来再作打算。其实,那位清算赔偿人根本就没安排度假,这只不过是一个限定期限陷阱,用以冷却客户的赔偿要求。保险公司借助于一个虚假的建议和一个虚假的最后期限,赢得了这场谈判的胜利。

当然,要想成功运用这一策略来迫使对方让步,须具备如下条件:

(1)最后通牒应令对方无法拒绝。发出最后通牒,必须是在对方进退两难的情况下,对方想抽身,但为时已晚,因为此时他已为谈判投入了许多金钱、时间和精力。而不能在谈判刚开始,对方有路可走的时候发出。

(2)最后通牒应令对方无还手之力。如果对方能进行有力的反击,就无所谓最后通牒。你必须有理由确信对方会照自己所预期的那样做。

(3)发出最后通牒言辞要委婉。必须尽可能委婉地发出最后通牒。最后通牒本身就具有很强的攻击性,如果谈判者再言辞激烈,极度伤害了对方的感情,对方很可能由于一时冲动铤而走险,一下子退出谈判,这对双方均不利。

但是当对手运用这一招时,我们该如何处理呢?

首先,要知道最后通牒的真伪。也许对方的最后通牒只是一个唬人的东西,那么,就应该针锋相对,做出绝不退让并退出谈判的表示。但同时,又要给对方台阶可下,告知对方,如果他们对谈判有新的设想的话,可继续谈判。其次,如果对方的最后通牒是严肃的,那么就应该认真权衡一下,看看做出让步达成交易与拒绝让步、失去交易这两者之间,究竟谁轻谁重,再做决策。最后,如果不得不接受对方的最后通牒,向对方做出让步,那么可以考虑改变其他交易条件,力争在其他条款上捞回自己失去的好处,这样既令对方有利可图,己方又毫无损失。

心灵悄悄话

适时创造沉默的空间,有利于引导对方反思或进一步思考,在对方说谎时,此举尤其能引起他恐慌,促使他改变态度。此外,沉默片刻能给双方真正思考的时间和心灵沟通的机会。

谈判问答有技巧

谈判中的问话技巧

谈判的问话技巧有以下三个方面：

第一，明确问话的内容。

首先，提问的人应该明确自己问的是什么。如果你要对方明确地回答你，那么你的问话也要具体明确。比如："你们的运费是怎样计算的？是按每吨重计算，还是按交易次数估算的？"提问一般只是一句话，因此，语言一定要准确、简练，以免使人含混不清，产生不必要的误解。

其次，问话的措辞也很重要。要更好地发挥问话的作用，在提问之前的思考和准备是十分必要的。思考的内容包括：我要问什么？对方会有什么反应？能否达到我的目的等。必要时也可先把提出问题的理由解释一下，这样就可以避免许多意外的麻烦和干扰，达到问话的目的。

第二，选择问话的方式。

谈判中问话的方式非常重要，提问的角度不同，往往引起对方的反应也不同，得到的回答也就不一样。

在谈判过程中，对方可能会因为你的问话而感到压力和烦躁不安。这主要是由于提问者问题不够明确，或者给对方以压迫感、威胁感。这就是问话的策略性没有掌握好。例如："你们的报价这么高，我们能接受吗?"这句话带有挑战的意思,它似乎在告诉对方,如果你们不降价,那么我们就没有什么可谈的了。但如果这样问:"你们的开价远远超出我们的估计,有商量的余地吗?"很显然,后一种问话方式取得的效果要比前一种好,它缓和了尖锐对立的气氛。

同时,在提问时,要注意不要夹杂着含混的暗示。避免提出问题的本身使你陷入不利的境地。例如:当你提出议案,对方还没有接受时,如果问:"那你们还要求什么呢?"这种问题话,实际上是为对方讲条件,必然会使己方陷入被动的局面,是绝对应该避免的。

有些时候,谈判中的问话并不是为了从对方那儿获得利益,而是在澄清疑点。因此,在提出问题时一定要简明扼要,一针见血,指出关键所在。

第三,注意问话的时机。

谈判中提问的时机也很重要。如果需要以客观的陈述性讲话作为开头,而你采用提问式的讲话,那就不合适。就谈判而言,双方一接触,主持人就宣布说:"大家已经认识了,交易内容也都清楚,有什么问题吗?"显然,这是不合适的。因为这时需要双方代表各自阐述自己的立场、观点,提出具体条件,过早的问话会使人像丈二和尚——摸不着头脑。

掌握提问的时机还表现在交谈中出现某一问题时,应该等待对方充分表达之后再提问。过早或过晚的提问会打断对方的思路,而且显得不礼貌,也影响对方回答问题的兴趣。

把握问话的时机,还可以控制谈话的引导方向。如果你想从被打岔的话题中回到原来的话题上,那么,你就可以运用发问,如果你希望别人能注意到你提出的话题,也可以运用发问的方式,并可以连续提问,争取把对方引导到你所希望的结论上。

第四,分析问话对象的特点。

如果谈判对方性格坦率耿直,提问就可以简洁;如果对方爱挑剔、喜欢抬杠,提问就应该周密;如果对方羞涩,提问就要含蓄;如果对方急躁,提问就要委婉;如果对方严肃,提问就要认真;如果对方活泼,提问就可以诙谐幽默。

谈判中的回答技巧

在谈判中回答对方提出的问题,是一件不容易的事情。

因为,他不但要根据对方的提问来回答,而且要把问题尽可能地讲清楚,使提问者得到比较满意的答复。

而且,他对自己回答的每一句话都负有责任,因为对方很可能把他的回答理所当然地认为是一种承诺。这就给回答问题的人带来一定的精神负担与压力。因此,谈判者水平的高低在很大程度上取决于他回答问题的水平。

回答者要将问话者提出的问题的范围缩小,或者对回答的前提加以修饰和说明。

例如,对方对某种产品的价格表示出关心,发问者直接询问这种产品的价格。如果彻底回答对方,把价钱一说了之,那么在进一步谈判过程中,回答的一方可能就比较被动了。

假如这样回答:

"我相信产品的价格会令人满意的。请先让我把这种产品的几种性能作一个说明好吗?我相信你们会对这种产品感兴趣的……"

这样回答,就明显地避免了一下子把对方的注意力吸引到产品价格问题的焦点上来。

回答问题,要给自己留有一定的余地。在回答时,不要过早地暴露你的实力。

通常可用先说明一件类似的情况,再转回正题。或者,利用反问把重点转移。

比如:

"是的,我猜想你会这样问,我可以给你一个满意的答复。不过,在我回答之前,请先允许我提一个问题。"

倘若是对方还是不满意,可以这样回答:

"也许,你的想法很对,不过你的理由是什么呢?"

"那么,你希望我怎么解释呢?"等。

问话者如果发现了答话者的漏洞,往往会刨根问底地追问下去。所以,回答问题时要特别注意不要让对方抓住某一点继续发问。

为了这样做,找借口说问题无法回答也是一种回避问题的方法。

例如:

"这是一个无法回答的问题。"

"现在讨论这个问题还是为时尚早,是不会有什么结果的。"

回答问题之前必须谨慎从事,对问题要进行认真的思考,要做到定期点就需要充分的思考时间。

一般情况下,谈判者对问题答复的好坏与思考时间成正比。正由于如此,有些提问者会不断地催问,迫使你在对问题没有进行充分思考的情况下仓促作答。

这种情况下,作为答复者更要沉着,你不必顾忌谈判对手的催问,而应转告对方你必须认真思考,因而需要一些时间。

谈判者有回答问题的义务,但是这并不等于谈判者必须回答对方所提的每一个问题。特别是对某些不值得回答的问题,可以礼貌地加以拒绝。

比如在谈判中有些谈判者会提一些与谈判主题无关的问题,回答这种问题显然是浪费时间。或者,对方会有意提一些容易激怒你的问题,其用意在于使你失去控制力。回答这种问题只会损害自己,因此可以一笑了之。

谈判者回答问题,应该有针对性,有的放矢,因此有必要了解问题的真实含义。

同时,有些谈判者会提出一些模棱两可或旁敲侧击的问题,目的在于摸清对方的底细。对这一类问题更要清楚地了解对方的用意,否则,轻易、随意地作答,会造成己方的被动。

有时可以用资料不全或需要请示等借口来拖延答复。

比如,你可以这么回答:

"对你所提出的问题,我没有第一手的资料来作答复,我想,你是希望我为你做详尽而圆满的答复的,但这需要时间,你说对吗?"

当然,拖延时间只是缓兵之计,它并不意味着可以拒绝回答对方提出的问题,因此,谈判者要进一步思考如何来回答问题。谈判中,由于双方在表述与理解上的不一致,错误理解对方讲话意思的事情是经常发生的。

一般情况下,这样会增加谈判双方信息交流与沟通上的困难,因而有必要予以更正、解释。但是,在特定情况下,这种错误理解能够为谈判中的某一方带来好处,因此可以采取将错就错的方法。

心灵悄悄话

善于发问,也能够掌握住谈判的主动权。谈判中的回答技巧不在于回答对方的"对"或"错",而在于应该说什么、不应该说什么,这样才能达到最佳效果。

打破僵局的谈判方法

当你在谈判中受到猛烈的攻击时,绝不可轻易地屈服。眼见对方气势凌人的攻势,无论如何,你都要想方设法就此打住话头,否则就无法挽回那可怕的僵硬局势。

即使对方把你逼到几乎无法反驳的局面,你也不必着急,只要态度从容地反复说:"胡说"就行,或者是运用沉默的战术。这样,对方也就无法继续展开攻势。不久,对方便会感到厌倦,谈判的局势也就会有所缓和。

无论谈判的局势如何,最重要的是不可慌张,而且,还必须静静地等待机会。如果鲁莽地采取行动,只会让自己败得更惨。打破谈判僵局的方法有下列几种方法:

1. 使用俗谚

使用俗谚是一种可以起死回生的说话技巧。俗谚可以使人产生"那是一种真理"的错觉,而任何人都不得不屈服于真理之下。

你必须先设法打乱对方的阵脚,接着再重新稳住自己的阵脚,这是削弱对方谈判攻势的方法。

2. 寻找借口

寻找借口也是一个打破僵局的好办法,寻找借口的要诀是必须故弄玄虚,要有背水一战的决心。

"你的意思我完全了解,但你何必这样严厉地指责,以致伤了彼此的和气?再说,你那方面也不见得完全没有问题。你这种态度,实在让人难以接受。"

"或许你说得是对的,但你要知道,如果你固执己见,本来可以成功

的也有可能会失败。"寻找借口时一定要在话题之外,这样便于向对方反咬一口。因为在此之前,你是处于被动挨打的地位,要扰乱对方的阵脚,不断发问是很有效的方法。比如:

"你刚才说有检讨的必要,这是什么意思?"

"你刚才说要建立全体参与的体制,所谓全体是指哪些人?而且要以什么样的方式参与呢?"

如此持续不断地发向,对方迟早会露出破绽。因此,你应该锲而不舍地与对方缠斗下去,直到对方表现得不耐烦了。这时,你就有机可乘了,你可以猛烈地反驳对方。

采用这种办法时,有以下两个要点:

第一、显而易见的事情也要反复地询问。

这样一来,对方必定会感到厌烦,因而产生不想再和你纠缠下去的想法。这是一种声东击西的方式,为了转移对方的注意力,以免他再注意自己的弱点,最好对他说些毫不相干的事情。

当对方声色俱厉地加以论证时,应该找出对方论证中关键的部分,然后反复地问一些极为明显的事情。例如:

"我想再确认一下……"故意说一些风马牛不相及的事,最后对方不得不把所说的话做某些修正,这就达到了我们的目的。

第二、要对方为语义不清的字句下定义。比如:"作建设性的处理""调整""检讨""促进""跟随""妥善处理"等词汇,如果对方有弱点存在,其攻势便不会再像原来那么激烈了。

3. 多使用"比如说"

这也是摆脱僵局的有效方法。即使对方有条有理地高谈阔论,有时只要以下列的方式发问,对方就会立即崩溃。例如:"比如说,有什么例子吗?""比如说,适合什么情况?""比如说,在你的工作中有什么实例吗?""比如说,你能想出适用的方法吗?"等。

即使对方的话非常有道理,而且在逻辑上也是有条不紊,但如果他无法回答"比如说……"的问题,难免会令他觉得束手无策。

有这样的一个例子：

甲：说话时增添些幽默感，可使语言更加生动、活泼。但如果没有掌握住幽默的时间、地点，也就无法产生预期的效果。

乙：我知道了。可是，你能不能告诉我，应该如何掌握时间、地点呢？比如说，在什么时候、什么地点，以及什么情况下，才可以说幽默的话呢？

甲：哦，一般来说……

当你要求对方"举出例子"时，能够立即回答的人并不多。这时对方显然已经处于劣势。因此，你要紧跟着说："你说的我完全了解，不过，如果不知道具体的使用方法，就等于纸上谈兵，没有什么意义。"

4. 说些嘲讽的话

打乱对方的阵脚，最好是攻击对方的弱点。但是如果直接攻击弱点有时会遭受猛烈的反击。因此，如果采取说些嘲讽话的攻击方式，有时会给予对方极大的心理压力。尤其是自视清高或有些自卑感的人，一旦听到对方的冷嘲热讽，心理上所承受的打击会更大。如果对方是一个自尊心特别强的人，在此情况之下，大都会产生退缩的心理。

心灵悄悄话

在自己心生怒火的时候，开口极容易失言，影响谈话气氛和自身形象，保持沉默可渐渐克制自己激动的情绪，保持自己的良好形象和状态。

声东击西,出奇制胜

广东省的某市有一家人要紧急移居到国外,所以准备出售自家所居的高价位住宅,他们希望住宅的价格能卖到 2000 万元,最低也不能低于 1500 万元。因为他们仅购买和装修这座宅院就花了 1500 万元,而现在还未住满三年就要出售,更何况现在的房价一路飙升。

由于移民之前有许多事情需要处理,因此这家人就委托房地产中介公司代理出售住宅。房地产中介公司的业务员接下来之后,积极地策划广告,宣传其所处的优越地理位置、房间布局的合理性以及配套设施的先进与完善,很快就将房子推展到了市场。

两个星期之后,出现了一位买主,他认真地参观完这所住宅之后,对各方面的条件甚是满意,但只出价 1400 万元,这与卖主的底价相比还差 100 万元。业务员无奈,只好回头再找房主重新议价。经过业务员的协调,房主同意将住宅的售价由 2000 万元降至 1600 万元,但买价 1400 万元相比,仍有 200 万元的差价。

为了促成这项交易,业务员只好再去找买方协调,费尽口舌,但买方始终不同意再加价,因为买方看到卖方如此痛快地一次降价 400 万元,于是有心继续拖延,以使卖方再做进一步的妥协。而看到买方态度如此坚决,为了促成这笔生意,业务员不得不继续回过头去再找卖方商量。由于急于出手这套住宅,而且业务员又在一边极力地劝说,卖方决定再降 50 万元,此时的住宅要价已经降到了 1550 万元,可是买卖双方之间仍有 150 万元的差价。业务员又同买方进行协商,买方现在虽然已经感到这个价格非常优惠了,但是他当然还想以更低的价格完成这笔交易。

不过这一次业务员也是有备而来,他向买方分析了各种形势,并且十分坦诚地同买方进行了协商,买方态度终于缓和下来,决定也做出一定的让步,同意再加价 50 万元,即总价 1 450 万元,但买方同时声明不再提价,否则立即放弃这次交易。同时,为了表示自己购房的决心与诚意,买方还当场付了 100 万元的斡旋金。

鉴于买方的态度十分坚决,业务员只好再找卖方进行商量,这一次卖方当然不肯轻易妥协,不过在业务员的巧妙周旋之下,卖方终于答应再把房价降低 50 万元,现在房价已经降到了最底线,卖方告诉业务员"这是最后的价格,如果买方不同意,那他们就打算另外寻找买家了"。现在买卖双方的差价只剩下 50 万元了,虽然数目不太大,但双方态度都更加坚决,业务员感到这笔生意的成败很快就会有结果了。

就在业务员为这两家的交易左右为难的时候,买方找来业务员,突然告诉他:"一个月前我在别处看过另一栋房子,论各方面条件,都比我现在看好的这所房屋称心如意,只因为当时房主不肯降价,几次交涉谈判未能成功,所以只好放弃了。可谁知事情已经过去这么久了,我差不多都把这件事情忘掉了,就在一个钟头之前,那家中介公司突然打电话来告诉我,房主愿意依我的价格出售,可我今天已在第二户卖家交付了斡旋金,若房主仍不肯降价,我衷心地希望您能退回这 100 万元的斡旋金。"

面对这突如其来的事情,业务员更是愁上加愁。对于他来讲,自己只是一个中介性的角色,并无退款与否的决定权,除非房主同意或房主接受买方的价钱后,买方又反悔不准备买房,才能将其预交的斡旋金进行没收。

房主听到这个消息后,也犯了难:既然买主更中意前一户房子,就有可能反悔,若自己答应他的要求却反遭对方拒绝,我就有权没收他的斡旋金了,这样的话就等于下降了 100 万元,以后再怎么卖都是赚。但赚这 100 万元的前提是必须接受买方的价格——1450 万元,即需在原售价基础上再降价 50 万元;若不愿意降价 50 万元,他们全家马上就要移民到国外,以后回来的时间肯定也很少。目前时间紧急,如果失去了这笔买卖,

新买主不知何时才能出现,即使马上出现了,也需要花费许多的时间继续与新买主周旋,而且还不知道下一位买主是否愿意花 1 450 万元的价钱!

此时的卖方陷入了两难境地,左思右想也找不出一个妥善的办法,而买方又以"前屋屋主催问甚急"为由不断来电催促中介尽早回话,否则应立即退回斡旋金。

局面就这样僵持着,经过几十分钟的考虑,房主同意了以买方的价格出售,若买方拒绝,则他就可以顺理成章地将这 100 万元人民币装入私囊了。

但最终的结果是,买方称心如意地以自己提出的价格买到了那所住宅,而卖主则只能以低出底线 50 万元的价格完成交易。

心灵悄悄话

在战争中,高明的军事家常常运用"声东击西"的战术出奇制胜。在商务谈判中,运用声东击西的说话技巧往往会为谈判双方矛盾的解决带来意想不到的效果。

紧逼与退让各有千秋

步步紧逼，逼其就范

有时候在谈判中，步步退让反而不能达到预期的目的，这时便要学会适当的强硬，抓住对方的心理，迫使其就范。

一位来自印度的商人带着 3 幅名画作到美国出售。有位美国画商看中了这 3 幅画，便打定主意，不管怎样也要把这 3 幅画弄到手。可是印度商人开价 250 美元，少一元也不卖。这个美国商人也不是市场上的平庸之辈，他一美元也不想多出，便和印度商人讨价还价起来，一时间使谈判陷入了僵局。

突然，这名印度商人怒气冲冲地拿起一幅画就往外走，二话不说就点火把画烧掉了。美国画商看着一幅名画被这样烧了非常心痛。为了不使剩下的两幅画遭受同样的厄运，他小心翼翼地问印度商人剩下的两幅画卖多少钱，想不到印度商人这回要价口气更为强硬，声明少于 250 美元不卖。少了一幅画，还要 250 美元，美国商人觉得太委屈了，便要求降低价钱。但印度商人不理会这一套，又怒冲冲拿起一幅画点火烧掉了。这一回，美国画商大惊失色，只好乞求印度商人不要把最后一幅画烧掉，因为自己实在太爱这幅画了。接着，他问这最后一幅画多少钱，想不到印度商人这次张口竟要 500 美元。

这一回使美国画商更急了，只好强忍着怒气问："一幅画怎么能超过3幅画的价格呢？你这不是存心耍人吗？"印度商人回答："这3幅画都出自画家之手，本来有3幅的时候，还可以相对来说低点，如今，只剩下一幅了，这可以说是绝世之宝了。它的价值已经大大超过了3幅都在的时候。因此，现在我告诉你，如果你真想要买这幅画，最低得出价500美元。"美国画商一脸苦相，没办法，最后只好以此价格成交。

以退为进，赢得成功

与人谈判，假退以进，牵住对手，那么谈判成功的天平会偏向你这一边。

在谈判中你突然退却，不代表你认输了。退却是为了下一步转变形势积蓄力量，调整策略，再度出击，只求大获全胜。除"退"之外，还有"后来居上"的阴招。可能是恐吓，可能是声东击西，会让人恐惧若不满足他便会损失更大，从而满足其要求。

美国一家非常大的航空公司要在纽约建立一座航空站，他们想要求爱迪生电力公司能以低价优惠供应电力，但遭到婉言谢绝，电力公司推托说这是公共服务，委员会不批准，他们爱莫能助，因此谈判陷入了僵局。航空公司知道爱迪生公司自以为客户多，电力供不应求，因此对接纳航空公司这一新客户兴趣不浓，其实公共服务委员会并不能完全左右电力公司的业务来往，公共服务委员会不同意低价优惠供应航空公司电力。航空公司意识到，再谈下去也不会有什么转机，于是，航空公司索性不谈了，同时放出风来，声称自己建发电厂更划得来，决定不依靠电力公司供电而由自己建设发电厂。电力公司听到这一消息，立刻改变了强硬的态度，主动请求公共服务委员会出面，从中说情，表示愿意给予这个新用户优惠价格,而且还考虑从此以后给予这一类的所有新用户以优惠价格。结果,不仅航空公司以优惠价格与电力公司达成协议,而且这类大量用电的客户都享受到相同的优待价格。

这一场谈判的开始阶段,主动权完全掌握在电力公司一方,他借口"公共服务委员会"这个第三者干预加以拒绝航空公司的请求。后来,航空公司耍了一个"花招",声称自己准备建厂,也就是"退"了一步,并放出假信息"虚张声势",给电力公司施加压力。因为如果对方自己要建电厂,意味着损失的不仅是一笔生意,所以电力公司急忙改变态度,不得不压价供电,表明愿意以优惠价格供电。这样,航空公司先退一步,然后进两步,轻松地掌握了主动权。

心灵悄悄话

有时候,忍让的谈判技巧反而不能取得预期的目标,采取强硬的说话方式能使谈判取得成功。以退为进,化被动为主动,可助你赢取更多的权力与利益。

谈判的收尾艺术

谈判到了接近尾声的时候,就可以好好地轻松一下吗?回答是否定的,其实要使谈判的结尾收得漂亮、收得巧妙,是一件很困难的事情。

1. 要有备案。

一次,有一位青年人在买房子时和售楼小姐杀价到了590万,他还想再杀下去时,对方的老板出来了。这时年轻人就开始嫌这嫌那了,嫌房子颜色不对、梁柱不对称等。俗话说,会嫌货的才是会买货的。那老板也心知肚明,后来同意以580万的价格交涉,但有一个条件就是必须当场做决定。

年轻人说要回去考虑考虑,毕竟买房子花的不是小钱。但老板很坚决,如果他回去了,隔天再来,还想以580万的价格买下来,那是不可能的事情。

因为年轻人嫌这嫌那,而老板已经按照买方的要求减价了,如果还不买,出了这个门,就不是理想的买主了,老板要买方自己想清楚。

看起来,老板的要求似乎一点儿也不过分。于是,这位青年人迫于情势,当场决定买下来。

但事后他跟朋友聊起这件事情时,总是对那位老板很不满。朋友问他,你买这个房子后悔吗?他说,不后悔!朋友问,房子贵吗?他说,不贵,附近的房子都要价六七百万呢,这房子质量好、价钱优。但因为始终有被老板强迫的感觉,虽然买了,但总觉得老板的方法欠妥,使年轻人的心情很不舒畅。

的确,如果要建立长远的关系,在谈判收尾时就要让对方觉得很开心,或让他觉得自己很聪明,这样才会有下一次的谈判。换一句话说,谈判结束时,谈判桌上只能有一个聪明人。

谈判还牵涉到一个底线的问题,收尾要看底线。谈判之前每个人心里都会有底线。在这个故事中,卖方由原来的590万降到580万,这是他的底线,他要争取比底线还要高的价格;而买方原来的底线是不超过600万,所以五百多万是比他的上限还要低的价码。

许多出色的谈判学者建议,走上谈判桌的时候不只要带着你的底线,而且要看有没有别的"选择",因此要带的不是底线,而是备案。比如,附近的房子都是六百多万,于是你订了一个600万的底线。到底是怎么订的? 可能是随便订的,也可能是手头现金有600万,但这个底线却是会变动的,如果遇到真正喜欢的房子,你的底线可能就不具备参考价值,因为你会想尽办法将它买下来,甚至可能会去贷款。所以600万的底线是虚的,不是实的。如果你带着这个底线上谈判桌,结果发现每一个人的底线都超过600万,于是你也把底线往上调,那这个底线就是没有意义的,因为它使你什么都谈不到。

在谈判时带着备案,可以成为你决定要不要接受的标准,也不会使你错失良机。谈判的输赢都与备案有关,备案是决定你该不该收尾的关键。

2. 要把握时机。

你的备案是什么? 你如何知道别人的价钱? 答案很简单,那就是要靠你自己搜集情报。

如何搜集情报? 一个先生租房子,他无意间看到一张房屋出租的红单子,屋主要价3万多,他心里就不停地思考着到底要不要租,于是到中介公司去了解。当天晚上中介就带他去看了同一区的房屋,同样大小,房东要价4万多,于是他就放弃了这一边。当他第二天再去看要价3万多

的房子时,没想到房东要的价钱变成了4万多。原来房东也去打听了市价,了解了行情,于是他一天之内决定涨价。

这位想租房子的先生顿时后悔了,白天没有当机立断,这么短的时间价钱涨了这么多!朋友们问他,白天那所房子,你觉得满意吗?他说,还可以,价钱不算贵。朋友又问,既然不贵为什么不租下来呢?他回答说,因为第一次看,没有行情,所以想先打听打听再作决定。

坦白地讲,这位先生了解行情是没有错的,但是你要打听,别人也是要打听。也许你的心里可能会很舒服,白天没有当机立断,结果损失不少,懊恼不已。但是反过来替那位房东想想,如果他以3万元租出去了,之后他再知道房价的行情,那他也不是懊恼不已吗?因此,这个协议不是双赢的协议,因为你赢他输。如果当中遇到房子需要维修,房东的心理就更加难受,说不定合约一到期,他就会马上把你赶出去,因为他已经亏了,难道还要再亏下去吗?

从上可知,**谈判有一个十分重要的观念:不要老想赢,不能一个人独得所有的好处,这样的合作才能持久。**

如果谈判达成了一个好的协议,一定要有其客观标准,使协议可以执行。谈判最好能达到双赢的局面,如果最后的结果造成对方不愉快,对方可能会伺机报复。

还是来分析上面的那个例子,如果房东以3万多元的价钱租出去了,而房东邻居或朋友家同样的房子却晾在那儿好几个月,那他可能也没有抱怨了。但如果他要的租金是3万多元,而邻居或朋友以4万多元的价格租出去了,那么他就亏了。这时房东会思考该怎样挽回亏本的局面。如果还没有签约,那么考虑租期不要太长,或者要求谈判重谈,理由是情况改变,例如说儿子要结婚必须收回房子。如果房客不配合,那就谈加价。

有时候房客也会遇到难题。有这么一个房客,他是一家大哥大公司的员工,他的公司租了一间房子当作机房,每个月的租金是2.5万,而附近的房子都只需要两万上下，价钱已经比别人贵了，没想到要再续约时，租金一下子涨到了 6 万，屋主说出的理由是大哥大公司每个月能赚很多的钱，所以房屋的租金要相应地往上调。

从客观上来讲，大哥大公司每个月赚多少钱和应该付多少钱的租金是两回事，因为房子有它的行情，所以屋主的理由是很牵强的。但他大可不必去追究合理与否，因为谈判讲的不是理由，而是权力！你是否有求于他？如果你有求于他，他就有理由；如果你不用有求于他，他讲的理由再冠冕堂皇、说得再天花乱坠也是毫无用处的。

因此，大哥大公司的这位先生，心里应该先做好准备"破"的机会，因为所有的谈判之所以最后会被对方占尽上风，是因为他们不敢破。不要给自己寻找搬家很贵等借口，仔细算算，一期租约 5 年，一个月租金 6 万，到底哪个贵呢？如果屋主看出了你的心思，那对你真的是不利的。"破局"了才可以再谈，抱着敢破的决心不是逞一时之勇，而是因为在破局之前已经找好了退路。

谈判的收尾可能会出现五种结果：赢、和、输、破、拖。选择哪一个，有时要根据实际情况做决定，有时要根据实力做决定。总之，两害相权取其轻。

心灵悄悄话

商务谈判主要是指经济领域中，进行经济交注的当事人或经济实体之间为了协调、改善波此的经济关系，满足贸易的需求，围绕涉及双方的标的物的交易条件，波此通过信息交流、磋商协议达到交易目的的行为过程。

第四篇

沟通顺畅的保障

思维混乱不可能带来有效沟通。如果一个人连自己在想什么都不明白，又怎么能够清楚地表达给别人听？然而，明确的观念也并不会自动地保证有效沟通。或许我很清楚自己要说什么，但是很可能一张口就词不达意，表述混乱。说话的时机非常重要。说晚了，相当于没说；说早了，可能引不起别人的重视，作用不大。在恰当的时间，说出恰当的话，才能收到最佳的效果。"言不在多，达意则灵。"无论在什么场合，讲话要语不烦精，字字珠玑，简练有力，使人不减兴味。冗词赘语，唠叨哕嗦，不得要领，必令人生厌。

说话要看清对象

说话要看对象,这是说话的最基本要求,不同的对象对同一句话会产生不同的反应,甚至会导致截然相反的反应。

(1)对不同年龄的人应说不同的话。

比如说,青年、中年和老年,这3个年龄层的人经历不同,志趣各异,跟他们说话也要从他们的心理状态出发。比如对健康的中青年,今天在他面前说张三死了,明天向他报告李四也死了,他跟张三、李四只有一面之交,听了也就听了,不会产生什么反感,因为他离死还早着呢。如果对老年人也这样说,他听了就觉得反感:"你为什么老在我面前说这些不吉利的话呀? 我还要多活几年、享享清福呢!"据说不少老年人怕死,自然怕听到他所认识的人死去的消息。

(2)对不同文化程度的人应说不同的话。

跟文化低的人说话应该用家常口语体,说大白话。如果用接近书面语的典雅口语体与他们交谈,那么,在语体上是不合得体性的要求的。有个人口普查员填写人口登记表时问一位没文化的老太太:"您有配偶吗?"老太太愣了半天也回答不上来。旁边有人解释说:"他是问您有老伴没有。"老太太这才恍然大悟。可是,对有文化的人说"配偶"(公文用语)就没有障碍。

文化高的人比较敏感,爱抠字眼儿;文化低的人却不是这样。因此,对文化低的人讲话可以随便些,即使有几个词用得不得体或不是地方,他们也不会去深究的。跟知识分子讲话就得注意尊重对方,避免常识性错误,特别是注意用语体,偶有大词小用,小词大用,一旦被他们抓住就会留作笑柄。

（3）对不同身份的人应说不同的话。

说话一定要注意对方的身份，对领导要尊敬，对同事要有礼貌，对下级要亲切，否则的话，会制造很多不必要的麻烦。

有一民间故事，说朱元璋当了皇帝之后，他从前在乡下一起干活玩乐的朋友来找他，一个人把朱元璋当九五之尊，把从前经历的事用隐喻说了一遍，朱元璋念起旧情，封他做了官；另外一个人，则仍把朱元璋当成穷朋友，把他们从前偷鸡摸狗的事儿又重复了一遍，结果被朱元璋推出去斩了。

（4）对不同民族的人应说不同的话。

语言和文化互相依存。每个民族的文化必然在她的语言中有所体现，因而可以从语言中窥探不同民族在文化上的差异；人们对某种语言的理解，往往是以弄清楚这种语言的民族文化背景为依据，而两种民族文化的冲突，常常导致对同一句话的反应迥然不同。比如，我们汉族的文化传统是不尊重个人隐私权的，见面寒暄时总会问对方的年龄、家庭状况等；而西方文化尊重个人的隐私权，这些一般是不愿回答的。

（5）对心境不同的人应说不同的话。

清代朱柏庐在《治家格言》里说："莫对失意人，而谈得意事。"这是说，对一些人来说是最不得意的事，不愿意别人提起的事，有些人却提了，北京话叫"哪壶不开偏提哪壶"。这等于戳人家的伤疤，其内心的痛苦是不言而喻的。比方说，老姑娘都怕听到别人结婚的消息。如果在她面前提到某某结婚啦，问她凑不凑份子，这些无意说出来的话，就会勾起她对往事痛苦的回忆。她年轻时很可能上过轻薄男子的当，才决心一辈子不嫁人的。而找别人凑份子，他们一般都会高高兴兴地参加。现在，有些大龄女青年不愿意听到"大男大女"这个新词，因为对她们有刺激。

同一个人，心境不同对言语反应也不相同。情绪好的时候，别人即使对他说些不中听、不得体的话，他听了就听了，表现出随和性；情绪不好或心烦时，自己不愿意多说话，更不爱听别人唠唠叨叨，听到一句不顺心的

话就会起急,甚至莫名其妙地冲人发火。

(6)对不同宗教信仰的人应说不同的话。

宗教信仰是一个很严肃的问题,比如一个英国作家拉什迪,因在作品中涉及伊斯兰教的宗教信仰问题,引起信奉该教的人的不满而被追杀。在与人谈话前,最好先弄清楚对方有没有宗教信仰,如有的话,要了解一下这一宗教的基本情况,这样谈话才不会出问题。

到什么山上唱什么歌

所谓入乡随俗,注意适应性,就是说,我们在说话时要适应时间、场合以及自己的身份,否则,就会影响表达效果,也达不到交际目的。这也是人们常说的"到什么山上唱什么歌","是什么身份说什么话"。《战国策》中曾经记载过这样一个故事:

卫国有一家人去娶新媳妇,这新媳妇一边上马车,一边指指点点地问婆家的人:"车辕两边的马是谁家的呀?"赶车人说:"是借的。"新媳妇听了这话,忙对赶车人说:"轻点打它,也别猛抽那驾辕的马!"

马车到婆家门口,伴娘搀扶着新媳妇下了车,新媳妇又指手画脚地对伴娘说:"做完饭,要把灶里余火弄灭,不然,会失火的!"

当新媳妇走进院子,看见当路的地方有个石臼,连忙说:"快把它搬到窗户下面去,在这儿会妨碍走路的!"

知道这件事的人,都笑话她。

这位新媳妇从上马车到进婆家门,一共讲了三次话,从这三次讲话的内容来看,都是很有道理的,而且非常重要:第一次,嘱咐赶车人不要猛打驾车的马,因为马是借来的,所以应该倍加爱惜;第二次,吩咐伴娘做完饭后要熄掉灶里的余火，新婚之夜，宾客乱纷纷的，稍有不慎，引起火灾，就会乐极生悲；第三次，指使仆人将妨碍走路的石臼搬到窗下，以利行人往来。可是，为什么人们要笑话她呢？原因就是她说这些话时没有考虑具体的场合与身份。她的三番话，若是在娘家说，人们会觉得她是个很体贴家人，很会过日子的好姑娘；若是结婚三天之后再说，人们则会称赞她是个善于持家的好媳妇。因为按古时候的风俗，新媳妇进门三天之内是不能多言多语的，何况是在新婚之日呢？所以虽然新媳妇的话说得很合情合理，但因说的场合不对，所处的身份不同，却受到别人的嘲笑。

由此可见，时间、场景和身份对说话效果有着很重要的影响。所以，我们就得注意要使我们所说的话适应时间、场景和身份的要求。

心灵悄悄话

个体谈判指的是谈判双方各自只出一人参加谈判，是一对一地谈判。这种谈判对谈判者个人的素质要求是很高的，谈判人员得不到其他人员的帮助和配合，必须自己审时度势，独立应付，所以使谈判有相当的难度。

天时地利很重要

说话的时机

说话的时机非常重要。说晚了,相当于没说;说早了,可能引不起别人的重视,作用不大。在恰当的时间,说出恰当的话,才能收到最佳的效果。

《三国演义》中,火烧赤壁,庞统献连环计于曹操起了很大的作用。曹操乃一枭雄,为何没看出此计策的隐患而听信于庞统呢?依笔者之见,在于时机。当时曹操中周瑜之计杀掉蔡瑁、张允两个善打水仗的大将,军中将士不习惯在船只上操练,不服水土,生病死亡者日益增多,曹操忧虑日甚。此时,庞统献上连环计,正好解决了这个问题,狡猾的曹操也就中计了。

生意场上也是如此。如果你上门推销产品时,对方不需要,那么即使产品质量再好,你的口才再好,成功的几率也不大;而如果对方正需要你的产品,你稍微一推销,就很容易成交。

诸葛亮是最会利用时机的人。赤壁大战时,他在南屏山建七星坛,大借东风,利用的是自己善观天象的本领,预测那日会有东风才口出"狂"言去借。没有观天象的本领,借东风只能是一出闹剧。

在我们的日常工作生活中,也要把握好时间、时机,说自己要说的话。

刚入学的大学生,你要告诉他们求职面试时应注意哪些问题,很少有人听得进去,因为四年的时间还很长。到大四时,有关求职的任何意见或建议对他们都是字字珠玑,之所以发生这样的变化只是时间因素。

说话的场合

做什么事情都要分清场合,不要死心眼,哪壶不开提哪壶,否则你得罪了人还不知道怎么得罪的,说话也是这样。这里简单举几个例子。

(1)庄重的场合。

比如在会议现场,单位所有人员聚在一起开会,领导讲话,你随便插话,或者发言时,不该你说的话你抢着说,或者还没轮到你发言你急于争先,这些都会招致不好的结果。

(2)公众的场合。

比如在图书馆,别人在静静地看书,你偏要同别人窃窃私语,或者大声地说话,这很明显有违公德,影响了别人的学习。

(3)私下与公开的场合。

每个人都有自己的一个小圈子,称之为自己人。如你把自己小圈子里的事情、把你朋友的隐私到处说,那你这朋友肯定没法交下去了。

(4)正式与非正式的场合。

如你是单位的一个领导,你的下属工作上出现了小问题,你不分青红皂白,当着众人的面把下属狠狠地批了一通,你的下属当时不敢跟你急眼或者不便跟你急眼,但他心里肯定会记很长一段时间,这种事情你在私下场合解决更好一些,因为他毕竟没犯大的错误。

(5)喜庆场合与悲痛场合。

别人正在操办婚礼时,你同他尽说一些伤心的话,这是别人很忌讳的,反之亦然。

喜庆场合一般指婚宴、节日、联欢会等。这种场合说话应轻松、明快、诙谐、幽默,有助于欢乐气氛的增加,千万不要说让人不高兴的话。曾有个小伙子,去参加朋友的婚礼。当新郎新娘向来宾敬酒时,小伙子见身着婚礼服的新娘比平时俏丽得多,便说:"你今天真是'面目全非'。"接着,又对新郎说:"来,让我们'同归于尽'。"这两句话把新娘新郎说得心烦了好多天。其实,不光这毛头小伙子说话不分场合,就连声名远播的梁启超也在这地方失误过:

1926 年,在新月派诗人徐志摩跟他苦苦相恋三年之久的情人陆小曼结婚时,梁启超为证婚人。因徐志摩和陆小曼的结合是婚外恋的结果,所以梁启超有看法。于是,在婚礼祝词时,就对他们教训了一番。

他在致辞中说:"徐志摩先生这个人性情浮躁,所以学问上难有成就。其次,用情不专,以致离婚再娶……从今以后,要痛改前非,重新做人!你们俩人都是离婚而又再婚的人,要痛自悔悟!祝你们今天是最后一次结婚!"

听了这段祝词,徐志摩和陆小曼脸上红一阵白一阵,宾客们也面面相觑,不明白梁公怎么在人家的婚礼上说出这么一段话来。

为什么大名鼎鼎的梁启超的婚礼祝词会带来这种结果呢?原因很简单,就是他在祝词时没有注意区分场合。梁公作为学者名流,徐志摩的前辈,平时劝解徐志摩几句是理所应当的,可是,在人家结婚的大喜之日,当着那么多人的面,说出这种训诫的话来,未免不近人情。

悲痛场合一般指有伤、病、亡者的处所。在这种场合说话,忌讳很多,比如,去病房探望病人,一定不要说"死""好不了啦"等听着让人不痛快的话。这本是常理,但有的人却不注意。有位朋友就曾对笔者说过这样一件事:

一次,她生病住进了医院。其实,也不是什么大病,不过是有点拉肚子。住院的第二天,她的一位同事去看她。见了同事,她很高兴,觉得这同事把她当朋友看。谁知,聊了一会儿之后,她的心里开始发烦了。原来,这位同事喋喋不休地给她讲,某某人开始拉肚子,后来一查是肠癌,不久便死了。说者本无意,但这听者心里却感到极不痛快。

(6)适合多说话的场合与不宜多说话的场合。

比如,朋友聚在一起喝酒,气氛应该是欢快的,你自己一个人喝闷酒,一句话也不说,别人肯定以为你出现了问题;再如办公室里所有人都在埋头自己的工作,你一会儿问这,一会儿问那,那别人肯定会很厌烦的。

心灵悄悄话

　　群体谈判是指谈判各方都有多人参加的集体谈判。这种谈判在人员的选择上可以遵循人才互补的原理,根据谈判内容的需要,选择具有各种专长和知识的人才,使他们互相配合,共同完成谈判任务。一般关系重大而又比较复杂的谈判项目多是采取集体谈判的形式。

说话要简明扼要

与人交谈要把话说得条理清晰

　　我们平时与人寒暄或做简短的交谈，一般都是比较随便的，谈不上条理清晰。但在正式场合，比如报告会、讲座、演讲等比较重要的讲话，情况就不一样了。这要求说话者对所说的内容有深刻的理解，并对整个说话过程作出周密的安排。

　　但是，人类的心理又是很微妙的，有时听众并不因为你讲的内容很有道理就完全信服你，他们还要顾及讲话人的表达方式。即使是正式场合的谈论，声音过于激烈也会让人产生"此人强词夺理，所说之言不足为信"的想法，随之，心理上会产生反感或者抵触情绪。条理清晰、有条不紊地谈话，可给人以稳重之感。比如说，优秀的推销员几乎都不是快嘴快舌之才。这倒不是因为他们反应迟钝，不善辞令，而正好相反，他们机敏过人，能说会道。但他们清楚地知道，推销商品并不光是能言善辩就可胜任的。比如，一味地吹嘘"这种商品不错"，顾客只会对这种大肆鼓吹报之以疑惑和戒备，然而，当推销员慢条斯理、一板一眼地陈述商品的性能并动手操作，顾客就会因其所表现出的诚实而对他报以信任。

　　人际交往也是如此。特别是在语言沟通中，如果只顾快嘴快舌，就无法产生好的效果。有人认为，口齿伶俐，可以在短时间传播大量的信息，但却没有想到信息的价值是由讲话者能否给对方以信赖感所决定的。一味地抢速度,只能使对方感到你的轻浮,进而对你提供的信息产生怀疑。这样,即便你提供的信息再多,也不能为人们所接受,也就没有什么意义了。因此,与人交谈时,应注意纠正语调生硬、语速太快的习惯,做到委婉平缓,简洁明了,条理清晰,动人心弦。这是好口才的基本要求。要达到以上要求,必须注意下面四点:

(1)把握中心。

说话不是照本宣科,有时会插一些题外话,有时会发现已讲过的某个问题。有点遗漏需要临时补充,这样就容易杂乱。作为一个高明的说话者,应时刻把主题牢记在心,不管怎样加插,不管转了多少个话题,都不偏离说话的中心。

(2)言之有序。

说话不能靠材料堆积吸引人,而要靠内在的逻辑力量打动人,这样才有深度。与写作相比,说话是口耳相传的语言活动,没有过多的时间让听众思考,所以逻辑关系要更为清晰、严密。话语的结构要求明了,善于提出问题、分析问题、解决问题。观点和材料的排列,要便于理解、记忆和思考,所以要较多地采用由近及远、由浅入深、由已知到未知的顺序安排。当然,时间顺序最好按过去、现在、未来进行安排,这样容易被听者记住。

(3)连贯一致。

开场白非常重要,它直接影响到所讲内容的展开,不能一开口就"噌"地冒出一句让人摸不着边际的话;多层意思之间过渡要灵活自然;结尾要进行归纳,简明扼要地突出主题,加深听话者的印象。

(4)要言不烦。

那种与主题无关的废话,言之无物的空话,装腔作势的假话,听众都极为厌烦。

马克·吐温曾经说过,有一次他去听一位牧师传教,开始很有好感,准备捐献身上所有的钱。过了一小时,他听得厌烦,决定留下整钱,只捐些零钱。又过了半小时,他决定分文不给。等到牧师说完了,他不仅不

给，还从捐款的盘子中拿出两元钱作为时间的补偿。

这是对说话冗长者的绝妙讽刺。所以说话者应当注意在句式变化的同时。多用短句，少用长句。长句能够表达缜密的思想，委婉的感情，能够造成一定的说话气势。但是其结构比较复杂，句子长，如果停顿等处理不好，不但说话者觉得吃力，就是听话者听起来也不易理解。而短句的表达效果简洁、明快、活泼、有力。由于活泼明快，就可以干脆地叙述事情；由于简洁有力，就可以表达紧张、激动的情绪，坚定的意志和肯定的语气。因此在运用上，易说易听的短句更适合于在交谈、辩论、演讲等重要场合的说话中使用。

讲话时要简练有力

"言不在多，达意则灵。"无论在什么场合，讲话要语不烦精，字字珠玑，简练有力，使人不减兴味。冗词赘语，唠叨啰唆，不得要领，必令人生厌。

在说话时，要想收到良好的效果，语言要简洁、精练，使听者在较短的时间里获取较多有用的信息。反之，空话连篇，言之无物，必然误人时光。语言还要力求通俗、易懂，如果不顾听者的接受能力，用文绉绉、艰涩难懂的语言，往往既不亲切，又使对方难以接受，结果事与愿违。

当前，公众对某些领导部门开长会的不良作风很有看法，还送其一个雅号为"马拉松会议"。开会前议题不明确，开会时中心不突出，议论问题不着边际，仿佛不长篇大论就显示不了水平似的。这样的会议效果极差！

不少演讲大师惜语如金，言简意赅，留下珍贵的篇章，成为"善辩者寡言"的典型。

最短的总统就职演说，首推 1793 年华盛顿的演说，仅 135 个字。林肯著名的葛底斯堡演说只有 10 个句子,他的演讲重点突出,一气呵成。

1984 年,37 岁的法国新总理洛朗·法比尤斯发表的演说,更是短得出奇,演讲词只有两句:"新政府的任务是国家现代化,团结法国人民。为此要求大家保持平静和表现出决心,谢谢大家。"措辞委婉,内容精辟。

上述这些演讲大师驾驭语言的功力都是非凡的。林肯的演讲词仅600 字,从上台到下台还不到 3 分钟,却赢得 15000 名听众经久不息的掌声,并轰动全国。当时报纸评论说:"这篇短小精悍的演说是无价之宝,感情深厚,思想集中,措辞精练,字字句句都很朴实、优雅,行文完美无疵,完全出乎人们的意料。"

心灵悄悄话

　　双方谈判是指谈判活动中只有两个利益主体,不存在第三方。在这种谈判中双方的利益关系比较明确,也比较简单。双方在谈判过程中一般只注意明确本方及对方的利益、意图,处理好双方的利益协调问题,就可以达成较理想的协议。

说话时一定要通俗易懂

说话时一定要注意通俗性，即使是理论性很强的问题，也要尽可能地做到深入浅出。只有这样，才易于为人所接受。语言应通俗易懂，否则很可能达不到预期效果，甚至闹成笑话。

一天晚上，某书生被蝎子蜇了。他摇头晃脑地喊道："贤妻，迅燃银灯，尔夫为毒虫所袭！"

连说几遍，他妻子怎么也听不明白。疼痛难忍的书生气急之下只好叫道："老婆子，快点灯，蝎子蜇着我啦！"

这一则笑话是讽喻那些专会咬文嚼字、不注意口语化的人。

下面一则则是讽刺那些谈话文绉绉、酸溜溜的人：

一天，某村中学一教师去家访，正碰上这学生家宾客盈门。他见自己来得不是时候，便连连向家长道歉："请恕冒昧！请恕冒昧！"学生、家长顿时怔住了。次日，家长专程到学校找校长评理："昨天是我妹妹大喜的日子，你校某老师不知羞耻地对我说：'请许胞妹。'要我把妹妹许配给他。我看他是'花疯'。"校长知道这位老师作风正派，工作负责，觉得奇怪，便立即找他核实并向家长做了解释。家长自责文化水平低，真糊涂。这位老师既羞且恼，哭笑不得。

这场风波就是因为他语言不通俗酿成的。

口头语言通过耳朵传入大脑。因语词有同音异义，一音多义，如用词晦涩难懂的话，势必会影响听的效果，而且听众文化素养有很大差别，应该"就低不就高"。所以对广大群众讲话,更应该明白晓畅,通俗易懂。口头语言与书面语言有较大的差异,有的人在讲话中过多地使用书面语,而不是口语,也使人听了很不舒服。这样的讲话自然是失败的。其失败原因在于,不讲究语言的实际效果,而一味追求形式上的华美。

社会语言需要用讲话者和听者双方都习惯、共同感兴趣的"大白话"来表达,这样才容易沟通感情,交流思想。若追求华丽新奇,过于雕琢,听者就会认为这是在炫耀文采,从而对讲话一只耳朵进,一只耳朵出,这样,话说得再漂亮也不会有什么力量。所以,使用语言要像鲁迅说的:"有真意,去粉饰,少做作,勿卖弄。"

宋代大文豪苏东坡对语言的使用有颇为精妙的见解:"凡文字,少小时须应气象峥嵘,彩色绚烂;渐老渐熟,及造平淡;其实不是平淡,乃绚丽之极也。"我们应当把追求语言的简洁精练、通俗易懂作为学会讲话的基本功,不断地加强训练和学习。

口语表达不同于书面语表达。书面语表达遇到难懂的词语,可以查字典;遇到不易理解的句子,可以慢慢琢磨。而口语表达则不行,它具有易逝性特征,声音转瞬即逝。听不明白也就只能留下遗憾。口语表达的这种易逝性特征要求我们说话时一定要注意通俗性,即使是理论性很强的问题,也要尽可能地做到深入浅出。只有这样,才易于为人所接受。要做到深入浅出、通俗易懂,必须注意如下要求:

(1)要使用规范的词语。

我们在说话时应该注意运用规范性的词语,少用别人不熟悉的方言、生僻词或文言词等。叶圣陶先生历来不赞成口语表达使用文言语句,他说:"看见用口语写的文章里夹杂着文言字眼和语句,会让人觉得很不舒服,仿佛看见眉清目秀的面孔上长了个疙瘩。"因此,他热切地希望人们从文言词句的"旧镣铐里解放出来";特别是那些没有什么文言修养的人,更不要去"捡起那副旧镣铐套在自己的手脚上"。

其实,不光是文言语句,像方言土语、生僻词语,也是束缚人们日常口语表达的镣铐,应当引起注意。

（2）要使用大众化的口语。

语言有口语和书面语之分。口语较之典雅庄重、准确精练的书面语，具有简洁明快、生动活泼的特色。而这种特色正是通俗易懂原则的精髓。因此，我们要想使自己的表达通俗易懂，就得学会使用口语，尤其是大众化的口语，以贴近生活的本来面目。鲁迅先生就很赞同这种做法，他主张要"将活人的唇舌作为源泉""博采口语"。毛泽东也告诫做宣传工作的同志要向人民群众学习语言，因为"人民的语汇是很丰富的、生动活泼的，是最能表现实际生活的"。

心灵悄悄话

口头谈判是指谈判双方面对面地用语言谈判，或者是用电话的形式商谈。在这种谈判方式中，各方提出的条件和各种不同的意见，都可以详尽地作出说明，便于双方及时考虑对方的意见，效率较高。

善于使用礼貌语言和谦辞

中国是一个文明古国，也是礼仪之邦，在物质生活极度丰富的今天，更应重视精神文明。在人与人的交往中，如果都能注重文明礼貌，大家的心情也会更加舒畅、精神也会更加愉快。

爽快的言论人皆爱听，能尊重别人的人，亦受尊重，虽然事理不尽相同，但只要我们心怀谦逊，随时注意说声"请""对不起""谢谢"，必能减少很多摩擦和不必要的误解。

你当然明白这些字眼的意义，但何时适用呢？

上班时身边的同事为你倒杯茶，随口就说："谢谢！你看茶梗还浮在上面，新泡的吧！嗯！由你倒来的茶特别香。"对方必是欢欣无比，心想以后就是一日泡三四次也是愿意的。

曾听朋友讲过这样一件小事：

她们几个刚从大学校园毕业的年轻女孩有一天到百货公司购物，在上厕所的时候，正逢清洁工们在打扫卫生，其中一人随口对那位瘦小的清洁工说："辛苦你啦！"这位清洁工竟激动得望着对方的脸说："谢谢！您真是个好人。"

朋友后来感慨地说："也许从她上班那天起还未曾有人对她说句'辛苦你啦'的话，大部分人只想到她是个扫厕所的工人，甚至嫌她脏。而一句简单的'谢谢'，足以让她欣慰，让她感到温馨、鼓励与支持。"

有人曾做过一次问卷调查访问送报者，询问他们送报工作何时最快乐，其中20人答称领薪水时；而70人答道：当顾客说"辛苦你了"时最感

欣慰。这个调查显示了感谢的力量之大。

当我们请人做一件事时,最好说:"辛苦你了! 因为你的帮忙,让我获益匪浅。"

如果我们不知感恩图报,反而说:"什么? 有这种办事效率? 既然答应帮忙又为何拖泥带水的?"这么一来,即使对方有意突破困难,助我们一臂之力,见此情景亦会心灰意冷,心想:"这种人谁会再帮你第二次!"

其实,不管我们是否心情愉快,多说"辛苦了""谢谢你"之语,总不会惹人厌烦,说不定别人脸上的微笑,可让我们的心情愉快起来呢!

当我们给别人带来麻烦和不便时,一句"对不起,实在是我自己不小心啊"或"对不起! 我并非故意的,请见谅"等语句,大概就可大事化小,小事化了,不会节外生枝,惹些意外的纠纷。

而我们常用的一些礼貌词,往往代表着对对方的尊重,若因此而引起人家对你礼貌周到的好感,不也是意外收获吗!

俗话说:**"好话一句三冬暖"**,**"礼多人不怪"**。在交往中得体地使用礼貌语言和谦辞可以给对方留下良好的印象。如与好久不见面的人见面说"久违";与小相识的人初次见面说"久仰";有了过失求人原谅说"请包涵";请人帮忙说"劳驾";有事找别人商量说"打扰";不让人远送说"请留步";求教于人说"请指教";不能陪客人说"失陪";送还物品时说"奉还";陪同朋友叫"奉陪";影响他人工作和休息说"打搅了";当别人表示谢意时说"别客气"。

心灵悄悄话

传统式谈判也称古典式原则型谈判,这种谈判的模式是"非赢即输"。在谈判进程中,双方的关系是敌对的,是你死我活的,谈判的过程像是在进行一场棋赛,谈判的结果是一胜一负。

多以对方为中心

人们最感兴趣的就是谈论自己的事情,而对于那些与自己毫无相关的事情,众多的人觉得索然无味。年轻的母亲会热情地对人说:我们的宝宝会叫"妈妈"了,她这时的心情是很高兴的,可是旁人听了会和她一样地高兴吗?这是很清楚的。谁家的孩子不会叫妈妈呢?你可不要为此而大惊小怪!这是很正常的事情,不会叫妈妈的孩子才是怪事呢。所以,你看来是充满喜悦,别人不一定有同感,这是人之常情。

竭力忘记你自己,不要老是啰唆,谈你个人的事情,你的孩子,和你的生活。人人喜欢谈的是对自己最熟知的事情,那么,在交际上你就可以明白别人的弱点,而尽量去逗引别人说他自己的事情了,这是使对方高兴最好的方法。你以充满同情和热忱的心去听他叙述,你一定会给对方以最佳的印象,并且会热情欢迎你,热情接待你。

在谈论自己的事时,和人家执拗或与人争辩等,都是不明智的表现。但还有一样最不好,就是在别人面前夸张自己,在一切的愚笨行为中,再也没有比夸张自己是更愚笨的了。例如,你对别人说:那一次他们的纠纷,如果不是我给他们解决了,不知要弄到怎样,你们要知道,他们对任何人都不放在眼里,不过当着我的面,就不敢妄动了。即使这次的纠纷,的确因为你的调停而得到解决,可是你只说一句"当时我恰巧在场,就替他们排解了"的话,不是更使人敬佩?这一件值得称赞的事情被人发觉之后,人们自然会崇敬你,但如果你自己夸张叙述出来,所得到的效果恰恰相反,人们自然会认为你自己在自吹自擂,大家听了你的自我夸张,反而会轻视你。一句自我夸张的话,是一粒霉臭的种子,它是由你的口里,播

种在别人的心里，从而滋长出憎恶的幼芽。

爱自我夸大的人，是找不到好朋友的，因为他自视甚高，睥睨一切，不大理会别人的意见，只会自己吹牛。 他一心只想找朋友，找那些奉承和听从他的朋友，其实不是朋友，是尊而远之、唯恐避之不远的群众。他常以为自己最有本领，如果他做生意，他觉得没有人比得上他，如果他是艺术家，他就以为自己是一代大师，要是他在政治舞台上活动，他会觉得只有他自己是救世主。你自己若是具有真实本领，那些赞美的话应该出自别人的口，而自吹自擂，其结果是自己丢脸而已。凡是有修养的人，必定不会随便说及自己，更不会夸张自己，他自己很明白，个人的事业行为在旁人看来是清清楚楚的，没必要自己去说，人们自会清楚。

请你不必自己吹擂，与其自己夸张，不如表示谦逊，也许你以为自己伟大，但别人不一定会同意你的看法，自己捧自己，绝不能捧得太高，好夸大自己事业的重要性，间接为自己吹捧，纵使你平日备受崇敬，听了这话别人也觉得不高兴。世间没有一件足以向人夸耀的事情，自己不吹捧时，别人还会来称颂，自己说了，人家反瞧不起。

千万不要故意与人为难，有的人专门喜欢自己与别人意见不同。如果你说这是黑的，他就硬说这是白的，但是，如果下一次你说这是白的，他就反过来说它是黑的，这种处处故意表示自己与别人看法不同的人，和处处随声附和的人一样被人看不起，甚至被人们所憎恶，是不忠实的朋友。口才是帮助你待人处世的一种方法，口才的本身，并不是我们的目的，没有人愿意做一个口才很好，而到处不受人欢迎的人，不要为表现你的口才，而到处逞能、惹人憎恨，口才一定要正确而灵活地表现，而不是为了自吹自擂，借以宣扬自己。

听了对方说话之后，发现其中有点与自己的意见不同，立刻就提出异议，而对方一听就立刻以为自己的意见全被否定了，这当然是一件严重的事情。在这种场合，我们一定要记得预先说明哪一点，或者哪几方面，自己是完全同意了，然后指出自己与对方意见不同的那一方面。这样，对方很容易地接受你的批评或修正，因为，他知道双方对于主要的部分其意见是完全一致的,你所不同意的地方却是仅仅是对方的次要方面的意见。不过,你最好仍能预先表示,对于对方的看法观点是同意,即使它是最不要紧的观点。这样做,对方才体会到这是老实的表现,是真诚而又实在,并没有做违心之事,那么为什么要这样做,目的也是为了缓和双方的气氛。

不要抹杀人家的一切意见,在做法上也要这样做,如果抹杀了人家的一切,别人的好处一点也不承认,这样,谈话就可能不融洽,要再继续谈下去也有困难。无论你的意见和对方的意见距离有多远,冲突得多么厉害,我们要表现出一切可以商量的胸怀,并且相信,无论怎样艰难,大家都可以得到比较接近的看法,使双方不致造成僵局。

什么都可以谈,但是,在浩渺无边到处都可以航行的谈话题材的大海洋里面,也有一些大小的礁石,要留心地避开,对于你不知道的事情,不要冒充内行。那是一种自欺欺人的行为,你知道多少,就说多少,没有人要求你做一本百科全书,即使是最有学问的人,也不可能无所不知。所以,坦白承认你对于某些事情的无知,不知道,这不是耻辱;相反的,这是使别人对你的谈话,认为有值得参考的价值,没有吹牛,没有浮夸,没有虚伪。对于陌生人不夸耀自己的私生活。例如:你个人的成就,你的富有,或向别人说自己的孩子怎么怎么了不起。不要在公共场合把朋友的缺点和失败当作谈话的资料,不要重复同样的话题,不要到处诉苦和发牢骚,诉苦和发牢骚并不是良好的争取同情的手段,做人的基本态度,也是这样。

心灵悄悄话

> 现代式谈判也称现代式利益型谈判。这种谈判是指谈判者在相互平等与尊重的基础上,寻找各方利益一致的谈判。这是一种新的谈判方式。

第五篇

谈判要会察言观色

察言观色是一切人情往来中操纵自如的基本技术。不会察言观色，等于不知风向便去转动舵柄，世事国是无从谈起，弄不好还会在小风浪中翻了船。直觉虽然敏感却容易受人蒙蔽，懂得如何推理和判断才是察言观色所追求的顶级技艺。

一般人有时未必真正了解自己，由自己语言中描绘出来的自己恐怕都会失真。心理学家的研究证实，一个人的说话方式，正反应了其内心深层的感受，说不定透过说话方式来判断一个人，会更为真实可信。

说话时需揣摩对方的心理

在美国,神学院毕业的学生,必须要到乡村教会去当一定时间的牧师,一来可以丰富他们的工作经验,二来可以锻炼他们的韧性和毅力,为他们日后能够更好地宣传神学、更好地发展打下基础。

有一位成绩和各方面表现都十分突出的学生,从一所著名的神学院毕业后,自愿到一个以牧业为主、生活十分艰苦、人们的认识还比较落后的村庄去担任牧师。

为了使那里的人们很好地接受自己,并扩大自己的影响,他准备召开一个布道大会。经过紧张而又繁忙的准备之后,他的布道大会如期召开了。

但令他失望的是,他等了足足一个上午,却只有一个牧童来到了会场。于是他心灰意冷,准备宣布布道大会取消,但为了不让牧童反感,他开始主动向牧童征询意见。结果牧童说:"亲爱的牧师先生,要不要取消大会我不知道,但我知道一件事,在我所养的100只羊中,就算迷失了99只,只剩最后一只,我还是要养它。"

年轻牧师顿有所悟,决定大会如期举行。牧师使出浑身解数,全力对这位牧童进行布道,想不到这位牧童竟然睡着了。牧师非常难过,却又不好意思叫醒牧童,结果他等了整整一个下午。到了黄昏,牧童醒了,牧师就迫不及待地问牧童:"你为什么睡着了,难道我讲得不好吗?"牧童回答说:"亲爱的牧师先生,你讲得好不好我不知道,但我知道,当我在养羊的时候,绝对不会拿我最喜欢吃的汉堡给羊吃,而要拿羊最想吃的牧草。"

经过一番思考，牧师终于大彻大悟。

过了不长的时间，这位牧师成了全美国最著名的牧师。

有的人认为，这位牧师的布道大会失败了，因为他在大多数人们不需要布道大会的时候举办了布道大会，并且对唯一的一位参加者讲述了人家并不需要的内容；也有的人觉得，他的布道大会成功了，因为他明白了只有从人们的需要出发对人们进行引导，才能把神学发扬光大。事实上，正所谓"成也萧何，败也萧何"，牧师布道大会的失败在于他忽视了人们的需要，牧师后来能够成功则归功于他重视了人们的需要。

还是让我们回到"说"的主题上来吧。人世间有很多道理是相通的，做事需要我们考虑别人的需求，说话、交流也必须要重视他人的需要。每个人从小学起就有这样的经验，写作文，最怕的就是文不对题。"说"也是这样，最忌讳"南辕北辙"。

试想，如果你是个数学老师，你却在课堂上大谈历史；面对农民，你对航天科技滔滔不绝；领导因产品销路不畅心情不好，你却对本单位的管理问题大加分析。可能你讲得很对，有时也很有道理、很有价值，但人家不需要。"对牛弹琴"的结果顶多不过是白费点力气，可你的交流对象是人，有时还是掌握你命运的上司和领导，如果你真的这样说了，后果可能就远远不是白费点嘴皮子那么简单了。

因此，在"说"之前，你要明白，对方想听什么、爱听什么、最需要什么，否则，说了还不如不说。也就是说，要揣摩听者的心理。

1. 你要清楚地了解对方的过去

当然，你不需要像一个侦探一样事无巨细，因为你需要的不是他的全部，只需留心他的日常言行，倾听周围人群的谈论，你就会对他的处世风格、性格爱好、优缺点等了如指掌。

2. 你要关注对方的现状

你跟对方交流，应该是有目的的。知道对方的现实问题和急需之处，你在说的时候就不会无的放矢。

3. 你要为对方提点建议

说,总是有一定内容的,而且这些内容必须倾向于为对方解决问题,创造未来。也许你说的东西不一定非常管用,但没关系,至少你"说"的目的已经达到,你们的关系也会因为默契的交流而更加密切。

记着,在人们饥饿的时候给他半块馒头,比在他富有时给他十根金条更能让人刻骨铭心。

心灵悄悄话

一场谈判开始时,谈判各方寒暄和表态,对谈判对手的底细进行探测,为影响、控制谈判进程奠定基础。在此阶段,双方就谈判的程序及态度、意图等取得一致或交换一下意见。

从说话方式来了解对方

一般人有时未必真正了解自己,由自己语言中描绘出来的自己恐怕都会失真。心理学家的研究证实,一个人的说话方式,正反映了其内心深层的感受,说不定透过说话方式来判断一个人,会更为真实可信。

在"称谓语"中习惯把"我"挂在嘴边的人,具有幼稚、软弱的性格。根据心理学家的研究,谈话中频频使用"我"的人,自我表现欲强烈,时时不忘强调自己,唯恐别人忽略了自己。而习惯使用"我们"或"大家"来代替"我"的人,具有随声附和或依附团体的性格。喜欢在谈话中引用"名言"的人,大多属于权威主义者。不论场合、不分谈话对象和主题,在与别人的交谈当中,会使用名人的格言来驳斥对方或证明自己论调的人,往往缺乏自信,习惯借助他人之名来壮大自己的声势。说话时如此,在生活和工作中也有类似的"狐假虎威"现象。

说话时喜欢夹杂几句外语,令听者感到困惑和别扭:这种类型的人通常希望借着语言来掩饰自己的弱点,多半是对于自己的学问、能力缺乏自信所致。

过分使用客套话的人,心里存有戒心。在人际交往中,恰当地使用客套话是必要的。但如果两人的关系原本就相当好,一方却突如其来地说些客套话,则说明其"心中有鬼"或另有图谋。同时,引用过度谦虚的言辞,表示此人有强烈的嫉妒心、企图、轻蔑或戒备心等。

下面的几点是怎样通过观察说话方式而看破人心的具体办法:

(1)在正式场合中发言或演讲的人,开始时就清喉咙者多数人是由于紧张或不安。

（2）说话时不断清喉咙，改变声调的人，可能还有某种焦虑。

（3）有的人清嗓子，则是因为他对问题仍迟疑不决，需要继续考虑。一般有这种行为的男人比女人多，成人比儿童多。儿童紧张时一般是结结巴巴，或吞吞吐吐地说"嗯""啊"，也有的总喜欢习惯性地反复说"你知道……"

（4）故意清喉咙则是对别人的警告，表达一种不满的情绪，意思是说"如果你再不听话，我可要不客气了"。

（5）口哨声有时是一种潇洒或处之泰然的表示，但有的人会以此来虚张声势，掩饰内心的惴惴不安。

（6）内心不诚实的人，说话声音支支吾吾，这是心虚的表现。

（7）内心卑鄙乖张的人，心怀鬼胎，声音会阴阳怪气，非常刺耳。

（8）有叛逆企图的人说话时常有几分愧色。

（9）内心渐趋兴盛之时，就容易有言语过激之声。

（10）内心平静的人，声音也会心平气和。

（11）心内清顺畅达之人，言谈自有清亮和平之音。

（12）诬蔑他人的人闪烁其词，丧失操守的人言谈吞吞吐吐。

（13）浮躁的人喋喋不休。

（14）善良温和的人话语总是不多。

（15）内心柔和平静的人，说话总是如小桥流水，平柔和缓，极富亲和力。

心灵悄悄话

平等自愿是商务谈判活动中必须遵循的一条重要原则，它是指有独立行为能力的交易各方能够按照自己的意愿进行判断并做出决定，无论其经济力量是强还是弱，他们对合作交易项目都具有一定的"否决权"。

用谈话主题观察对方的内心

　　喜欢谈论他人私事,对别人的隐私追根究底的人,大多具有强烈的支配欲。其与人交谈时,话题总是围绕着别人打转,喜欢探听别人的私事,议论他人的隐私。对于和自己没有多大关系的人,如社会名流、电影明星等,喜欢评头论足,说长道短,这种类型的人除了有支配心理之外,也缺乏知心朋友,心灵空虚、孤独,且不甘寂寞。

　　相反地,话题总是离不开自己的人,具有自我陶醉的倾向,属于以自我为中心的性格。那些言必谈己的人,事实上最关心的对象就是自己。深信这个世界就是应该以他为中心来运转,这种心理除了是一种自我陶醉,也有任性的性格倾向。此外,不仅谈论自己,而且动不动就把话题集中在自己家人、工作、家庭等周边事物的人,也可以将之归类为以自我为中心的性格。

　　爱发牢骚的人,多有压抑心理,属于否定型性格。牢骚是心理压抑的一种发泄,从发泄的牢骚里,可以发现一个人的心态和愿望。抱怨薪水太低的人当中,有不少是因为本身不喜欢这项工作。透过抱怨工资低而把不满的情绪表达出来。而会贬低上级主管的人,大都具有希望出人头地却又不易达成的欲望。这类发牢骚成癖的人,除了心理压抑和心存不满之外,还存在一种虚荣心。

　　另外,还有一种好提当年勇的人,多在现职的表现上力不从心,无法适应眼前的工作,所以才喜欢在部属、同事,特别是比自己资历浅的人面前,大谈过去的风光史。嘴边老挂着昔日的丰功伟业的人,回忆起过去,总是扬扬得意,恍如昨日。这种现象说明了这个人工作能力衰退,落后于

时代潮流且又难以赶上，只好忘却目前的失落感，以寻求解脱。

无视于他人的谈话内容，径自提出毫不相干话题的人，其支配欲、表现欲均较强。谈话时会不断变换话题，东拉西扯，杂乱无章，让人摸不着边际，这类人多是思维能力不集中，不能进行逻辑思考；而不提出自己的想法，只是附和别人或顺着别人话题的人，大多心性宽厚并且能体贴别人。

交情相当深厚的朋友，仍不免使用客套话语时，表示此人内心存有自卑感或企图隐藏敌意；相反地，故意使用粗话的人，其内心其实是想与对方拉近心理距离，或者希望自己占优势地位。

谈话中经常使用"但是"或"不过"等连接词者，表示此人思考能力强，习惯边说话边思考，大多能言善辩，有深入探讨理论的兴趣。经常使用"嗯……""有点……""这个……""那个……"等用语的人，语言表达能力较差，说话无条理。思考没有头绪；经常使用"我想……""我认为……"等语言表达方式的人个性较为谨慎、小心，但性格的另一面表现却是怯懦的。

心灵悄悄话

有人认为"生意场上无父子"，谈判根本就不存在"客观真诚"。其实不然，事实无数次地告诉人们，任何凭自己主观意志从事，或是有诱惑乃至欺诈做法的商人，均会得到相应的经济惩罚。

不明就里时一定要保持沉默

兵法云："知己知彼，百战不殆。"在战场上，盲目地出击，往往会落入敌人的圈套。同样，在商业谈判中，也是这个道理。在不知道对方底细的情况下，不要轻易开口，保持沉默，这样不但能揣摩对方意图，往往还能变被动为主动。如果不了解情况，随口乱说，往往会使情况变得更糟。

某广告公司一位业务员到一家制鞋厂，洽谈和该厂的合作事宜。他到厂家后稍加浏览，就大包大揽地与厂长谈了起来。他指着库房里的产品夸赞道："这种鞋子，款式新颖，美观大方，如果与我们合作，广为宣传，一定会提高知名度，畅销全国，贵厂的事业会蒸蒸日上啊！"

这番话听起来合情合理，很具说服力，可惜这位业务员并非制鞋内行，又没做准备工作，没有事先虚心讨教，探探"底"，就夸耀对方厂中积压的一批过时的产品。结果厂长不动声色地答道："谢谢你的夸奖，可惜你指的这批鞋子是落后于市场供求形势的第七代产品，现在我们的第九代产品正在走俏热销！"仅此两句话，就令这位业务员无话可说了。

这位业务员的话没有说到点子上，一听显然是外行，让厂方觉得和他们合作也没什么前途。于是，一桩极有可能的生意砸了。不是因为该说的没说，而是因为开口太早，说得太多，给自己"曝了光"。如果这位业务员能够记住"知彼知己"的道理，从实际情况出发，积累资料，分析清楚问题所在，再去游说鞋厂厂长，岂有不胜之理？

其实何止在商业谈判中，在生活中我们也要在不明就里时保持沉默。

某单位有两个同事，为一点儿小事吵了起来，这时在外面办事的几个同事正好回来了，在不知道吵架具体原因的情况下，那几位只以据平日里和正吵架两人的关系亲疏，七嘴八舌，推波助澜，结果吵架的那两位愈吵愈凶，最后打了起来，闹到了派出所。待事件平息下来，吵架的那两位握手言和了，反而一致埋怨那几位"推波助澜"的同事。因为他们觉得本来就为一点儿小事，他们吵吵，气消了肯定就算了，那几位同事"不明就里"的七嘴八舌导致了事态的恶化。那几位"推波助澜"的同事自然是自讨没趣了。

在很多时候，有些事有些话不能随便说，也不能多讲或不能全讲，或许不能真讲。如果还没有完全弄明白，那就更不要讲，讲了只会惹是生非，给自己和他人徒增烦恼，制造许多麻烦。

老一辈人总是谆谆教导我们："话到嘴边留半句，不可全抛一片心""言多必失，语多伤人""君子三缄其口"，以此作为安身处世之道。

当然，保持沉默并不是要我们缄口不语，而是要先了解情况，深思熟虑，三思而后说。让我们的生活中多一些高质量的谈话，少一些无目的和平庸的闲语。让思考的火花在沉默中放出光彩，让语言的艺术在思考中得到升华！

与得体的语言一样，恰到好处的沉默也是一种语言艺术。在不明就里的时候，保持沉默，往往是一种最好的选择。

心灵悄悄话

自我评估的目的是要认清自身的实力，了解自己的弱点，发现存在的问题。高估自己或低估自己都不利于谈判效果的获得，因为高估自己，则易于轻敌；低估自己，则易于怯场。

恭维人要先学会倾听

　　每个人都希望得到别人的尊重,而在谈话中最尊重人的方式就是认真倾听对方的讲话。当对方觉得被尊重之际,就会对你产生好感,进而仔细地倾听你的想法,从而使交流更有效地进行。如果你希望成为一个人际交流的高手,那你就得先做一个会倾听的人。

　　乔·吉拉德是美国有名的汽车推销大王,在他的一生中,总共卖出了10000多辆汽车,在他的工作生涯中,有过这样一次经历:

　　有天下午,有位先生来买车,吉拉德巧妙地向他推销,眼看就要签单了,那位先生却在最后关头放弃了。

　　吉拉德非常郁闷,夜里很晚了也不休息,一直在思考自己失败的原因,但就是不知道错在哪里。他显得非常的沮丧。

　　最后,吉拉德再也忍不住了,打电话过去问那位先生今天为什么没有买下那辆车。

　　对方不耐烦地说:"时间已经很晚了。"

　　吉拉德并没有放弃,他说:"我知道这样深夜打扰你休息很不礼貌,我也很抱歉,但是我要做个比别人更好的推销员,你愿意告诉我究竟我哪儿错了吗?"

　　"真的?"那人不相信地问。

　　"绝对!"

　　"好,你在听吗?"

　　"非常专心!"

"但是今天下午你并没有专心听话。"原来,这位先生那天下午本来已经下决心买车,可是在签字前最后一分钟犹豫了。因为当他提到自己的儿子杰克要考大学,准备当医生,并且很有运动能力时,吉拉德表现得满不在乎。确实是这样,当时吉拉德一边准备收钱,一边在听办公室门外另一位推销员讲笑话。

倾听不仅是对别人的一种尊重,也是对讲话者的高度赞美与恭维。吉拉德没有积极倾听对方的话,以至于对方在最后一分钟犹豫了,吉拉德也因此失去了一个订单。

倾听,在和别人交流以及行销过程中如此重要,那么怎样才能做好一个倾听者呢?

首先在倾听过程中,要尽可能地保持一定的礼仪,这样既显得自己有涵养、有素质,又表达了你对客户的尊重。

倾听的一些技巧也需要掌握:要真诚地聆听客户的谈话,不要假装感兴趣;在合适的时候对客户的话做出回应,否则客户会认为你无心倾听,从而造成销售的失败;可以稍微记录客户说话的要点,但是不要只顾着埋头记笔记,因为那样的话,会令客户感到这场谈话很无趣;即使客户谈论的话题非常不符合你的口味,也不要显示出排斥心理,有可能的话引导客户换一个话题;不要随意打断客户谈话,即使认为客户的某些观点不正确,也不要随便打断或纠正。

心灵悄悄话

在正确评估自己,包括正确评价自己谈判实力的基础上,要有遇到强硬对手的心理准备,在设计方案时,尽量注难处想,同时也要作好谈判破裂的思想准备。

第六篇

彰显幽默的力量

幽默感的一个主要作用是使你在艰难困苦、诸事不利的境况下，或者遇到猝发事情时，能保持心理上的稳定，从而确保你能冷静地、合情合理地对自己面临的状况或事件，作出正确和恰当的处理。幽默不仅可使人摆脱困境，而且它还是人们交往当中的润滑剂。

它可以使人们的交际更顺利、更自然。挪威著名的探险家图尔·赫伊叶尔达勒曾说："幽默的话语，有时对我们来说，其重要性决不亚于救生圈！"这是值得我们琢磨、回味的。

幽默是生活的润滑剂

在现实生活中,每个人都愿意使自己生活的目的及自己与他人的关系变得更加富有意义,那么,如何才能实现这一转变呢?

我们的生活的确太需要健康的笑声了,否则,生活则会变得枯燥、刻板,那么,笑声的来源在何处?

幽默的谈吐,是生活中一个重要的笑声来源,它能使沉闷紧张的气氛变得轻松活泼,使人感到说话者的热情与善意,使说话者的观点容易被人采纳和接受。发挥你的幽默的力量,用来帮助别人时,你会发现,你同时也在为自己建立更富有意义的生活,这幽默的力量好比一座桥梁,缩短了人与人之间的距离,填平了人与人之间的沟壑。

幽默的力量,是沟通人们心灵的艺术,充分发挥它的作用,必将促进我们当今社会的精神文明建设。

(1)生活的润滑剂。

幽默力量的形式,主要取决于每个人的情绪如何,而不是取决于每个人的智力。你的幽默力量取决于你的本身,可以表现你的真诚、坦率,表现你宽阔的胸襟和美好的情操。

在生活中,随时都会有不顺心的事发生。例如:本想找份称心如意的工作,但却事与愿违;十二年寒窗一心想考上名牌大学,结果却名落孙山;交往已多年的朋友终不能成眷属,到头来还是吹了;上班的,上级绷着脸,同事们不肯合作;开店的,现有商品积压,购进畅销商品又无资金;学生不听老师的话;老夫妻还时常抬杠……所有这些令人心烦的事,使人彻夜辗转难眠,情绪破坏,影响生活、工作与健康。你切记要以幽默的态度来对待,使情绪迅速"由阴天转晴",切莫长久地沉湎于悔恨和忧患之中。

用一位比赛失利的篮球教练所讲的话,可以说明幽默的力量能让人们自我解脱。

一支篮球队在刚刚结束的一场关键性比赛中失利,球迷们对他们大失所望。有人问教练他们什么时候能够转败为胜。教练不假思索地回答:"在唱完国歌之后!"这位教练用幽默的力量对付现实的打击,没有失望,没有泄气,一方面把刚才的失败看成暂时的,另一方面又对何时能取胜的问题做了留有余地的答复。要知道,在每一场重要球赛之前都是要唱国歌的。他的回答既幽默又巧妙,是值得学习的。

面对严重的挫折,如果人们能够谈笑自若,那么简直就可说他是极富幽默了。

(2)笑声之中鸣警钟。

今天,我们的国家正处于繁荣昌盛的时期。但是,由于弊病未能根除,同时,由于不正之风还在流行,所以,我们的社会仍有不完善之处,丑陋的东西依然存在于某些角落。用幽默来揭示或讽刺丑恶的现象和种种弊病,在笑声中擦亮人们的眼睛,在笑声中鸣响生活的警钟,是非常必要的。

一位颇有地位的人物,参加了市交通会议,最后由他做了总结发言。他反复强调搞好交通管理的重要性。

发言快结束时,他突然提出一个问题:"你们规定,行人都走右边,这不行。都走右边,谁走左边呢?"

这则幽默,像是一个笑话,带有明显的夸张色彩,它讽刺了某些领导干部的不学无术,真叫人啼笑皆非。

一位顾客到饭馆去吃饭,米饭中沙子很多,他把它们吐出来,一一放在桌子上。服务员见此情景很是不安,抱歉地说:"净是沙子吧?"那顾客摇摇头微笑地说:"不,也有米饭。"

如果我们设身处地地为这位顾客想一下,花钱去吃饭,到头来买到的却是"沙子饭",心里是多么憋气啊!但是,发脾气又于事无补。这位机

智的顾客,用了一句曲折、幽默的回答,既解除了服务员尴尬的情态,又把沙子多的程度极其生动、恰当地反映了出来。这样婉转、含蓄的话语,又使服务员心悦诚服地感到自己的工作没有做好,给顾客增添了不少的麻烦。目前,不少服务行业的服务质量很差,是该敲敲警钟了。

当然,人们在用嬉笑怒骂的形式来发泄情绪、用幽默以匡正时弊的时候,一定要注意对象和火候,要有分寸感,要抱治病救人的态度,切莫挖苦和鞭笞。

（3）调节人际关系。

处身于高速度发展、生活节奏在不断加快的社会,我们每个人天天都要面临新的生活。早上起床,要自我"充电",以便接受种种挑战。如果有人使我们笑,我们就容易对那个人产生好感,幽默能使给予和接受双方的自我感觉都良好。心情愉快时,人们自然以一种乐观的态度去看待一切,站在比较容易接受意见的角度看问题。请记住:在别人比较高兴的时候提出你的要求,就比较容易得到满足。所以利用幽默,能调节人际关系,使对立变成和谐,化紧张为轻松。

苏格拉底的妻子是个泼妇,她心胸狭窄,性格冥顽不化,喜欢唠叨不休,动辄破口大骂,常使这位堂堂的哲学家困窘不堪。一次,别人问苏格拉底"为什么要娶这么一个夫人"时,他回答说:"擅长马术的人总要挑烈马骑,骑惯了烈马,驾驭其他的马就不在话下。我如果能忍受得了这样的女人的话,恐怕天下就再也没有难于相处的人了。"

据说苏格拉底就是为了在他妻子烦死人的唠叨申斥声中净化自己的精神才与她结婚的。

这天,在老婆大吵大闹、很长时间不肯罢休的情况下,苏格拉底只好退避三舍。他刚走出家门,他老婆突然从楼上倒下一大盆水,把他浇成一只落汤鸡。苏格拉底却满不在乎地说:"雷鸣之后免不了一场大雨。"

人与人之间应该友好相处,互相尊重,不应以任何借口去歧视别人,这是人际交往的准则。但在生活中也时常会遇到一些有意或无意的不尊重人的行为,对于一些粗暴无礼的言行,用幽默之枪进行还击,是一种得体的自我保护的方法,这也是一种特殊的调剂人际关系的方法。

(4)寓教于笑声之中。

无数的实践结果证明,风趣幽默的批评教育,在笑声之中容易被人所接受,见效也就比较明显了。说起教育,人们习惯地容易联想到那一副副正儿八经、毫无笑容的面孔,一套套令人不得要领的抽象理论,一群昏昏欲睡的听众。其实,造成人们的这种理解和印象,完全是由于教育工作的方法失当所造成的。教育,当然是一件严肃的事情,但这并不排斥应该让受教育者发出欢快的笑声。寓教于笑声之中,是教育的有效方法。

有一个"懒师拜懒徒"的幽默,是用来教育那些游手好闲的浪子的。

一个游手好闲的浪子,只恨自己懒得不到家,颇想找一个懒店进修一番。于是,他就到处打听哪里有懒店。

一天,他打听到确有一个学懒店,便欣然前往。到了懒店门口,他屁股充作脸,退着进门去。懒店的师傅大喝一声:"呔,怎么不懂规矩,为何不把脸对着我!"浪子仍然背对师傅答道:"尊师在上,容愚徒一禀:来时背对师傅,辞别时可不转身也。"师傅一听,瞠目结舌。少顷如梦初醒,拒浪子于门外曰:"我可尊你为师也。"

批评,是教育工作中对各种不良现象进行斗争的武器。批评要想达到效果,就必须与人为善,就必然要讲究方式、方法,讲究语言艺术。有时候,一句巧妙的幽默言辞的确能胜过许多句平淡乏味的说教。

那么,为什么幽默风趣的话语能起到教育作用呢?主要有两个方面:首先,因为每个人都是有自尊心的,实践证明直截了当地当众批评某个人,这绝不是好办法,它或者会引起对方的强烈反驳,找到一些理由来为自己辩护,或者会以沉默相对抗,口服心不服,并从此积怨于心。这样,批评的目的自然没有达到。所以心理学家们都异口同声地说:"不要当众

斥责人。"这是很有道理的。而采用幽默式的批评却保护了对方的脸面，不会使对方产生对抗情绪。其次，由于采取的是影射而不是直说的方式，让被批评者有一个思考回旋的余地，就更能深刻地领会批评者的良苦用心。

心灵悄悄话

　　谈判的互惠原则是指：在谈判过程中，参与谈判的各方都能获得一定的经济利益，并且要使其获得的经济利益大于其支出成本；谈判结束后，各自的需求都有所满足，最大限度地实现谈判各方的利益。

人人都有幽默的因子

每个人的身上都有幽默的因子,只是因为快节奏的生活将我们的幽默潜力打磨殆尽。幽默不需要天分,只要心情。越是棘手的事情,越是需要幽默。幽默不只是娱乐自己,同时也是娱乐别人,只要人们可以笑得出来,会有什么解决不了的大事呢?

一些伟大的人物,如林肯、爱因斯坦、卓别林、萧伯纳等,他们之所以能成功,能够声名显赫,除了具有意志坚强、思维敏捷、机智灵活、自信敢为等心理品质之外,他们还有一个重要的心理品质——幽默感。

即使是马克思、恩格斯、列宁、毛泽东、邓小平这些政治伟人,也是极富幽默感的人。据说,马克思最喜欢看的小说是幽默小说,而恩格斯在1842年还写过专论幽默与政治关系的文章,列宁则利用幽默才获得理想的爱情,毛泽东讲话、写文章很多都诙谐幽默,邓小平善用平实朴素、幽默风趣的语言讲述复杂的问题。

在人际交往中,大家普遍喜欢与幽默风趣的人接触,幽默风趣的人本身也快乐自在,少忧少虑,所以,培养幽默感对人对己都有好处。要培养幽默感,首先是欣赏优秀的幽默作品,在会心地笑地同时,应该去分析、总结幽默的技巧,探索幽默的心理基础。

幽默是人类特有的一种情绪反应。婴儿在发现新奇的事物时,就会开心地笑。然而,孩子在成长中,如果没有得到适度的爱,没有被适当地引导,那么很可能就会失去天生的幽默感了。

一个人要培养幽默感,应该先要知道,人生本来就不是完美的。一个人只有在被关怀、支持的环境中成长,才能学习以幽默来面对挫折。

幽默也可以用来对抗焦虑,不论大人或小孩都用得到。例如在智力、性别、宗教、政治方面,有许多你无能为力却又存在的问题,就需要以幽默来化解。

在人生道路上,挫折和失败是常有的事,如果忍受挫折的心理能力得不到提高,则焦虑和紧张就会常常困扰我们的身心。假如你拥有幽默,也就具有了随环境变化不断加以调节自我心理的有力武器,即可利用幽默减轻生活中因失败带来的痛苦。

有位年轻人,一面查看自己那辆崭新摩托车被撞后的残骸,另一面对周围的人说:"唉,我以前总说,有一天能有一辆摩托车就好了。现在我真有了一辆车,而且真的只有一天。"周围的人哈哈大笑起来。

对这个年轻人来说,车被撞已无可挽回,但他并没有看得很重,而是利用幽默的力量,既减轻了自身的痛苦和不愉快,又给围观的人带来了一片欢乐。

幽默常会给人带来欢乐,其特点主要表现为机智、自嘲、调侃、风趣等。确实,幽默有助于消除敌意,缓解摩擦,防止矛盾升级,还有人认为幽默还能激励士气,提高生产效率。美国科罗拉多州的一家公司通过调查证实,参加过幽默训练的中层主管,在 9 个月内生产量提高了 15%,而病假次数则减少了一半。

显而易见,人们具有幽默感,有助于身心健康。因此,要善于培养幽默感,如有机会可参加专门的幽默训练,但更重要的还是从自我心理修养和锻炼出发来提高自己,释放心襟,开阔心胸。不要对自己有不切实际的过高要求,不要过于在意别人对自己的看法,学会善意地理解别人,正确地认识自我,不论在什么样的环境中总是保持一种愉悦向上的好心情。

如果你想飞起来,那就先让心灵轻松起来、幽默起来吧!幽默是一种力量,能够很好地调节生活,使你的生活充满欢乐,甚至改变你的人生。

有意识地培养自己的幽默感

一个人要提高自己的幽默艺术水平，首先要使自己成为一个富有幽默感的人。一是具有幽默心态的涵养非常重要。因为"就主体而言，幽默主要是一种创造和表现情趣的心力，一种感受和体会可笑的心力"。或者说："幽默是智慧的结晶，是健全的理性和深厚的修养的产物；也是一种感知和发掘世界一切可笑对象的能力，一种理解和创造笑的艺术的才能；更是一种达观而敏锐、超拔而诚挚、直率而又坦然的人生态度。"往往是心灵的自由度愈大，则愈益产生幽默言行。二是形成新奇的思维方式，建立"趣味思考法"。因为有趣的往往不是举动本身，而是在于人们用属于自己的、有趣的方式去看它。这正像霍勒斯·沃尔普所说："世界对于思考者是一出喜剧。"可见，幽默感的培养是至关重要的。

心灵悄悄话

诚挚与坦率是做人的根本，也是谈判活动的准则。"精诚所至，金石为开。"任何交易活动，不论是哪一方缺乏诚意，都很难取得理想的合作效果。

惊人的幽默沟通

幽默沟通的功效是惊人的，但并不是每个人都懂得、都能够运用幽默进行成功的沟通。成功的幽默沟通是需要很多条件和其他多方面的因素的。需要说明的是，这些要素并不是孤零零地存在并发挥作用，而是要将它们有机地结合起来，综合运用，使之相互补充，相互依存。只有这样，作为整体存在的幽默沟通的行为才能在各要素的支持中取得令人向往的成功。

（1）健康活泼的心灵。

幽默的人都是积极乐观的人，都是达观超脱的人，都是对生活充满信心、对自己绝对自信且宽容平和的人。一句话，幽默的人都是心理健康的人，心理不健康的人是无法幽默的。

世界实际上并不如人们理想中的那样美好，那样完美无缺，如果只看到它黑暗的一面，并且仅作价值判定，那么人只能陷入悲观绝望之中，生活的乐趣荡然无存，笑容就会从脸上消失，幽默也就无从谈起了。有的研究者将幽默大师们的心理特征归纳为三条：

第一，要积极乐观，否定现实的残酷性。英国作家卡莱尔讲过：**"真正的幽默多出于热情而少出于理智。"**多看看生活中光明的一面，将黑暗的东西当成一种必然的东西，愉快地理性地接受它，并善于从它们之中发现有趣的一面。接受生活的不完满，才能使你的生活充满喜悦，趋向完满。

第二，要超脱达观，对世事淡然处之。世事如烟，沧海桑田。没有什么永恒不变的东西，为什么要为一些小事斤斤计较、作茧自缚呢？即使是所谓大事,也真是那么重要吗?幽默需要我们从另一个角度看自己,如果你无法从狭小的自我中超脱出来,又如何睁眼看世界呢?要知道:我们什么也没带来,我们什么也带不走。

第三,要宽容平和,保持心灵的自由。

宽容平和就是原谅别人的过失,理解人的不完满性的事实,不过高地要求别人,对人谦恭、理解,不随意发怒、埋怨、嫉恨,只有这样,你的幽默才能达到好的效果。

个性的独立,心灵的自由,加上社会的民主,为幽默精神提供了生存的基础。这里首要的是心灵的自由。心灵自由意味着你不受外界的压力,能够用轻松的态度对待严肃的事情,幽默感的极致是打破传统的束缚。人的心理在没有受到压抑的情况下,才会快乐。当你面对任何习惯性的行为,能够看到违反习惯的一面,就具备了幽默感。用较反常的态度来面对理所当然的想法,就是创造幽默。遇事随心所欲,才能随心所欲地创造出幽默。

(2)有趣味的思想。

幽默地看待世界就是从趣味的角度看待世界。而趣味的产生靠的是你的思想。你越是趣味地看待世界,世界就越是有趣,反过来则索然无味。

弗洛伊德是精神分析学家,开始人们视之为异端邪说。随着他名气越来越大,开始有不少有钱的患者接受他的治疗。这时税务机关开始注意到他了。最终给他去信,要他报一报这个阶段的账目,以便确定纳税额。

弗洛伊德收到信后,说:"啊!终于有个官方机构重视我的工作了。"

本来刚开业就受到税务机关的检查是件不愉快的事,但弗洛伊德运用趣味的思想,从另一个角度思考,发现了事情有趣的、有价值的另一面,令人忍俊不禁。

趣味的思想,按照特鲁的分析就是抓住一个情况,把它由内向外翻或从上到下翻,颠倒过来,站在新的角度去看它,看到它趣味的一面,即使现

实没有,也能看出。

趣味思想的核心就是换个角度思考。从传统的、人们习惯的角度中解脱出来,就好像打碎我们平常用的镜子,而换一个哈哈镜,用这面镜子照照世界、照照他人、再照照自己,你会看到什么呢?试试看!

(3)知识广博。

成为幽默的人必须要拥有广泛的知识。虽然不必对任何问题都像学者那样研究得很透,但起码应知道些皮毛。只有知识和见闻极其丰富,才能通达事理、分析透辟、居高临下、入木三分,语言表达上做到纵横捭阖、运用自如、妙语连珠、诙谐动人。

懂得越多,你与别人交谈时可谈的话题就愈多。一个懂得交际的人,要能够见人说人话,见鬼说鬼话。也就是要懂得交谈对手的兴趣所在,这样双方才能谈得来,谈得比较投机。而这些都要有广博的知识作后盾。

知识可分两种。一种是与幽默暂时或表面上没有直接关系的,上至天文,下至地理,国家大事、世界风云、文史哲经等全都属此类。它们虽然暂时与幽默关系不大,但是它们能够潜移默化地涵养你的素质、修养,为你的谈吐增辉。另一种是幽默的趣事、趣话、小笑话、动作、漫画等。多积累这些素材,反复记忆,并加以改造,变成适合于你的幽默,那么到时幽默就会如泉水一般汩汩涌来。

(4)拥有智慧。

恩格斯讲过:**"幽默是具有智慧、教养和道德上优越感的表现。"**

幽默是伴随着人类智力的发达而不断发展起来的,它的本质是智慧,没有智慧,就没有幽默。

卓别林讲过:**"智力愈发达,喜剧就愈成功。"** 动物没有幽默,智力低下的人也极少幽默。幽默是聪明人的游戏。

(5)忠于真实。

幽默大师萧伯纳说:**"我说笑话的方式就是讲真话,讲真话是世界上最有趣的笑话。"**

幽默的世界并不是虚构的世界,幽默的本质是真实,只不过这种真实常常被我们习惯的传统的面纱所掩盖。

只有忠于真实,当人们在琢磨、回味你的幽默时才觉得可亲、可信、可笑。

有人问一名医生:"为什么医院的病人这么快都出院了?"

这位医生说:"是通货膨胀。"

这种幽默的回答,既出人预料,又在情理之中。本来人们以为医生会回答病人的病都被治好了,这是在人们预料之中的,也是常规的回答,但医生却道出了另一种可能,这也是一种令人信服的真实。

这一点儿童是很好的范例,儿童的幽默很多,并愈来愈引起人们的注意。实际上儿童幽默的成功很大部分取决于儿童直面真实。这种真实是大人们有意、无意掩饰或意识不到的。下面就是很好的例子:

妈妈:"玛丽,你手上、脸上怎么这样脏呀?你看见过我穿这么脏的衣服或者把手弄得这么脏吗?"

女儿:"我怎么能看见您小时候是什么样子呢?"

(6)情趣高雅。

幽默是有雅俗之分的。好的幽默不但令人笑,笑之后精神还为之振奋,情操得到陶冶,感情得到满足,得到美的享受,而且也表现了幽默人的修养、气质的高超。而低俗的幽默,是智力贫贱的产物,使人觉得荒唐、无聊与庸俗,幽默者本人是不会得到真正的朋友的。

幽默不应只是为笑而笑,它应该是在严肃和趣味之间达到一种平衡,它应该使人睁开眼睛更好地认识世界,认识自己,调整错误的观念,使我们的身心和周围的一切均衡成长,实现更高级的文明。

幽默的背后是严肃,幽默的背后还藏着人的情趣、修养和心理。

情趣高雅靠的是我们自身的修养,包括道德修养、知识修养、艺术修养等,只有自身变得高雅了,你的幽默才会随之高雅。反过来高雅的幽默也表露了你,人格的高尚,能够吸引更多的人和你交往。谁都喜欢和高尚

的、高雅的人做朋友,你说是吗?

(7)心存善念。

幽默沟通的目的是赢得友谊与帮助,而不是去树敌,使自己多一个对手。因此必须心存善念、与人为善,这样才能让别人感受到你的真诚。

和善的人、心存善念的人,人们对他的幽默才能愉快地接受,不至于发生反感。否则,人们便会抵制他。你讲的笑话,你开的玩笑,你的滑稽动作,都要以不伤害别人为界限,以善意的动机去和别人在笑声中达成共识。

幽默的背后应当是温情。对经常侵犯你的敌手,则不一定总那么慈悲,你可用幽默来捍卫你的尊严。

(8)时间、地点、人物都要恰当,才不致造成不愉快的场面。

在美国的一所大学里,一位俄文教授上第一堂课时,带去了他的狗。开讲之前,先用俄语叫他的狗做了若干表演,一个口令一个动作,演出倒也顺利。

表演一毕,教授对同学讲话了。他用手指着他的狗说:"各位同学都看到了,我先是用俄语指挥我的狗做动作,一点困难也没有。"

他停了一下又说:"俄文是很容易学会的,连一只狗也能听得懂,你们一定更没有问题。"

这则开场表演非常精彩。但如果这位教授不是在美国教俄语,而是在中国教俄语,那用狗来和学生们相比,肯定会招来人们的不满,因为说某人是狗,在中国是对人的侮辱和咒骂。

心灵悄悄话

在相互合作、相互信任的基础上,双方坦诚相见,将己方的观点、要求明确地摆到桌面上来,求同存异,相互理解,着眼于满足双方的实际利益,建立和改善双方的合作关系。

幽默也需高雅

言语幽默虽包含着引人发笑的成分，但它绝不是油腔滑调的故弄玄虚或矫揉造作的插科打诨。有幽默感的人，大都有较高的文化水平和良好的品德修养，而一个不学无术的人则往往只会说一些浅薄、低级的笑话。

情调高雅的言语幽默总是于诙谐的言语中蕴含着真理，体现着一种真善美的艺术美。因而，言语幽默必须是乐观健康，情调高雅的。

鲁迅是言语幽默的大家，有一次他与兄弟在一起聊天，侄子注意到他们兄弟俩长相的差异，好奇地问道："伯伯的鼻子怎么是扁的？"鲁迅不假思索地答道："是呀，我经常碰壁，时间久了，鼻子碰扁了。"逗得兄弟哈哈大笑，孩子们也跟着笑起来。

幽默在交谈中有重要的意义。真正的言语幽默，必定是以健康高雅的话语、轻松愉快的形式和情绪去揭示深刻、严肃、抽象的道理，使情趣与哲理达到和谐统一。

美国著名小说家马克·吐温也善于使用言语幽默。

有一次他到一个小城市去，临行前别人告诉他，那里的蚊子很厉害。到了那里以后，当他正在旅馆登记房间时，有一只蚊子在他面前来回盘旋，店主正在尴尬之时，马克·吐温却满不在乎地说："你们这里的蚊子比传说的还要聪明，它竟会预先看好我的房间号码，以便夜晚光顾。"大家听了不禁哈哈大笑。于是全体职员出动，想方设法不让这位作家被那预先看房间号码的蚊子叮咬。

言语幽默最能体现受人欢迎的"趣""隐"等言谈的风采，它在深层的变化渊源与内核上赋予平常的言谈以力透纸背、意蕴深长的力量，并从色彩和情调上给人着迷的缤纷和欢悦。

言谈明显具有雅俗之别、优劣之分，言谈优雅者也往往是言谈幽默者。谈吐隽永每每使人心中一亮，恍如流星划过暗夜的太空，光华只在瞬间闪耀，美丽却在心中存留。

铁血首相俾斯麦有一次和一名法官相约去打猎，两人在寻觅动物时，突然从草丛中跑出一只白兔。

"那只白兔已被宣判死刑了。"

法官好像很自信地这么说了以后，便举起猎枪，可是并没有打中，白兔跳着逃走了。看到这种情形的俾斯麦，当即大笑着对法官说：

"它对你的判决好像不太服气，已经跑到最高法院去上诉了。"

办事时如果借助言语幽默，你成功的可能性便大大增加了。幽默能创造友善，避免尖锐对立。俗话说的"笑了，事情就好办"就是这个道理。

老李在餐厅坐了很久，看到别的客人吃得津津有味，只有他仍无侍者来招待，便起身问老板："对不起，请问——我是不是坐到观众席了？"

老李没有大声地谴责服务员服务不周，反而用幽默的语言提醒对方，表现出良好的个人修养，使一个小小的幽默变得格调高雅，这就是个人品质对言语幽默的提升作用。

言语幽默不光能在交谈中使用，在书信等书面交流用语中使用它更能产生高雅的情调。

据说《大不列颠百科全书》最初几版收纳"爱情"条目，用了5页的篇幅，内容非常具体。但到第14版之后这一条目却被删掉了，新增的"原子弹"条目占了与之相当的篇幅。有一位读者为此感到愤慨，责备编辑部藐视这种人类最美好的感情，而热衷于杀人的武器。对此，该书的总编辑约斯特非常幽默地给予了回答：对于爱情，读百科全书不如亲身体验；而对于原子弹，亲身尝试不如读这本书好。

这位总编辑幽默的回信中包含了很深的哲理，他将爱情和原子弹进行比较，在答复读者质问的同时又表达了他和读者一样，珍惜人类最美好的感情、不愿原子弹成为"人类之祸"的思想。总编辑简单明了又具有穿透力的言语使幽默提升到一个更高的层次，具有更深、更广的含义。

言语幽默多是三言两语，轻描淡写的。它既不像戏剧那样有激烈的矛盾冲突，又不像小说那样有完整结构的故事情节，但是它的确具有一种特殊的穿透力和一种高雅的情调。

✻心灵悄悄话✻

> 谈判中的一个基本事实是，你与之打交道的不是抽象的谈判对手，而是有感情、会思维的人，谈判者都有自己的个性情感、价值观，有不同的工作和生活背景，这在商务谈判和外交谈判中都很容易被忽视。

幽默需适当

培养起一定的幽默感并不是很难,但是要做到能够恰当地把握好幽默的尺度,并不是一件容易的事情。过分的幽默往往会使人产生古怪的感觉,尤其面对刚开始交往的人,你滔滔不绝,笑话连篇,表现出很风趣、很有才华的样子,只会让人反感,使人觉得你过于油嘴滑舌、轻飘虚伪,喜好卖弄自己。

凡事均要讲适度,幽默亦如此。在生活中,适时适地运用幽默,才能使相互之间的关系更加和谐、亲密。这在那些旨在纠正他人的幽默技巧中表现得更为明显。这里就幽默的使用提出三个忠告。

第一个忠告是:**幽默勿以讥刺他人为乐事。**

苛刻的幽默很容易陷入残忍,使他人受到伤害、陷于焦虑之中。通常,讥讽、攻击、责怪他人的幽默,也能引人发笑,但是它却常常造成意想不到的后果,使本应欢乐的场面变得十分难堪。

一位中学教师到某地出差时,拎了一兜香蕉去看望一个多年未见、新近升为副处长的老同学。老同学心宽体胖,雍容富态,开门见是同窗好友,一边让进屋,一边指着他手中的提兜戏谑道:"你何时落魄到走门子了?本处长清正廉明,拒绝歪风邪气腐蚀贿赂。"一句讥讽的调侃,使教师自尊心受了伤,他顿生反感,扭头就走了。

显而易见,幽默既不等同于一般的嘲笑、讥讽,也不是为笑而笑,轻佻造作地贫嘴耍滑。幽默是修养的体现,它与中伤截然不同。幽默笑谈是美德,恶语中伤是丑行。真正好的幽默是真情实感的自然流露,是严肃和趣味间的平衡,它以一种古怪的方式激发出来,却经常表现出心灵的慷慨仁慈。

带有嘲讽意味的幽默极易冒攻击他人的危险,而有所斩获的机会又很小,由于讥讽幽默的严重负效应,我们在使用幽默对别人进行批评时就要进行严格的推敲,以免使接受者产生被嘲笑、被捉弄的感觉。

第二个忠告是:**恶作剧有时可以产生幽默效果,但使用时要注意分寸。**

恶作剧在乍见之下,似乎并不是什么犯罪的事,但只要分析其潜在意识,就可以发现其中包含着憎恶及攻击性的心理,有时回想自己所做过的恶作剧难免冷汗直流。例如:

有一次,一个男的在某位女同事的抽屉内悄悄地放进避孕器具。或许他只是想开开玩笑,但深刻剖析他的潜意识,他的行为却诠释出所谓的"强奸意欲"。

还有一次,他在公司内一位稍过适婚年龄的小姐所坐的椅背上贴了一张小学生常用的贴纸,上头写了这么一行字:有空间。这个恶作剧确实是太过分了。他并没有想到对方的心理上可能受到多大的伤害,而且以潜意识心理学的观点来看,他本人内心潜在的强烈欲望是"想"进入那"空间"里面。

过火的恶作剧很伤人。所以,恶作剧一定要限于天真无邪的玩笑才行,也只有如此才不会伤害到他人的自尊。善意的恶作剧,幽默情趣很浓,自然能给平淡的生活带来清新的空气,让人开心;但捉弄人的不怀好意的恶作剧,不但令人生厌,而且影响人际关系,甚至触及法律。

好莱坞有一批专爱捉弄人的演员,开起玩笑来无所顾忌,令人瞠目结舌。时常有人用装有火药的雪茄请朋友抽,吓得对方魂飞魄散,这样的恶作剧虽然能让他们在紧张繁乱的工作中解脱出来,放肆地大笑一场,却使

被戏弄的对象十分不快。

笑有愉悦功能，也有惩罚功能。嘲讽的笑是典型的惩罚的笑，而恶作剧的笑正是惩罚的笑的一种形态。用弗洛伊德的话来说，恶作剧就是平时压抑的情感与欲望得到了发泄。

第三个忠告是：**幽默可能会产生良好的效果，但前提是要把握好幽默的投施量。**

一句幽默的妙语可以为沟通带来契机和轻松的气氛，但是川流不息的妙语、笑语、警句、讽喻，却只能阻塞沟通。因为"幽默轰炸"通常都会导致思维紧张，使人不知如何是好。试问有谁能不间断地承受强烈的幽默呢？

幽默其实是一柄双刃剑，在我们运用时机、地点乃至言辞不当时，都可能伤害别人的自尊与情感。如果幽默不能为人酿出欢娱，却强加给人怨愤、痛苦，这是令人遗憾惋惜的事情。我们应该学会怎样避开幽默的禁区。

幽默的社会心理价值并不意味着它的普遍随意性，幽默的文化功用也不说明它具备了万能的效应。这是一朵带刺的玫瑰，是一片风光旖旎的雷区，任何轻率、莽撞的行为都将饱尝苦果，使潇洒轻松走向它的反面。

心灵悄悄话

随着商品经济的发展，生产者与消费者之间的交易活动将会在越来越广的范围内受到法律的保护和约束，离开经济法律、法规，任何商务谈判将寸步难行。因此，在商务谈判及合同签订的过程中，要遵守国家的法律、法规和政策。

制造言语幽默的技巧

正话反说

　　说出来的话,所表达的意思与字面完全相反,就叫正话反说。如字面上肯定,而意义上否定;或字面上否定,而意义上肯定。这也是产生幽默感的有效方法之一。使用这种方法能够在不直接指明对方错误的基础上,使他们自我反省并认识自己的错误。

　　有一则宣传戒烟的公益广告,上面完全没提到吸烟的害处,相反地却列举了吸烟的四大好处:①节省布料。因为吸烟易患肺痨,导致驼背,身体萎缩,所以做衣服就不用那么多布料。②可以防贼。抽烟的人常患气管炎,通宵咳嗽不止,贼人以为主人未睡,便不敢行窃。③可防蚊虫。浓烈的烟雾熏得蚊虫受不了,只得远远地避开。④永葆青春。不等年老便可去世。

　　这里说的吸烟的四大好处,实际上是吸烟的害处,却正话反说,显得很幽默,让人们从笑声中悟出其真正要说明的道理,即吸烟危害健康。正话反说的幽默技巧当然不只可以用到广告宣传中,在面对面的交流中,这种幽默技巧也有广泛的使用空间。

　　丘吉尔为了出席宫殿举行的演讲,超速开车,以致被一名年轻警员逮住了。"我是丘吉尔首相。"丘吉尔不慌不忙地说。"乱说,你一定是冒牌

货!"警官这么一说之后,大英帝国的首相谢罪了。他说:"你猜对了!我就是冒牌货!"

这么一来,警官面露微笑,放过了这位世界上著名的伟人。

丘吉尔在一本正经表明身份的时候,被警官怀疑。然后,他就换了一种方式,正话反说,这样反而使警官摸不清虚实,使得警官抱着一种"宁可信其有,不可信其无"的心态放过了他。当我们需要表达内心的不满时,也可以使用正话反说的幽默技巧,让别人听起来顺耳一些。

杰克和他的情人想喝咖啡,但端上来的咖啡差不多只有半杯,这时杰克笑嘻嘻地对咖啡店主人说:"我有一个办法,保证叫你多卖出三杯咖啡,你只消把杯子倒满。"

杰克巧妙地运用正话反说的幽默来表达失望感,却不致给对方带来难堪。也许杰克并没有喝到满满一杯咖啡,但杰克一定会得到友善、愉快的服务,咖啡店主人或许还会请杰克下次再光临该店。这种正话反说的幽默技巧不仅被人们广泛使用,其实古人中的智慧者很久以前就已经能够成熟运用这技巧了。

秦朝的优旃是一个有名的幽默人物。有一次,秦始皇要大肆扩建御园,多养珍禽异兽,以供自己围猎享乐。这是一件劳民伤财的事,但大臣们谁也不敢冒死阻止秦始皇。这时能言善辩的优旃挺身而出,他对秦始皇说:"好,这个主意很好,多养珍禽异兽,敌人就不敢来了,即使敌人从东方来了,下令麋鹿用角把他们顶回去就足够了。"秦始皇听了不禁破颜而笑,并破例收回了成命。

优旃的话表面上是赞同秦始皇的主意,而实际意思则是说如果按秦始皇的主意办事,国力就会空虚,敌人就会趁机进攻,而麋鹿用角是不可能把他们顶回去的。这样的正话反说,因为字面上赞同了秦始皇,优旃足以保全自己;而真正的含义,又促使秦始皇不得不在笑声中醒悟,从而达到了他的说服目的。

借力幽默

在生活中,幽默也可以通过借力的方式产生,我们可以巧妙地利用对方的话来为自己服务,这就是所谓的"借别人的梯子,登自己的楼"。这种方法多用于应对攻击性的话语。当对方从某一角度、某一方面对你进行嘲讽、侮辱时,你可以抓住其话语中的某个破绽,顺着对方的逻辑推下去,从而得出一个令对方无地自容的自然结论。这样既能使自己脱离困境,又能给对方有力的回击。下面就是一个典型的"巧借人力,顺势而为"的幽默故事。

有两个贵族青年,骑着高头大马在路上趾高气扬地行进着,迎面走来一位驼背的老妇人,手里牵着两匹瘦骨嶙峋的小驴子。

两位年轻人打趣地向老妇人"致敬":"早安,驴妈妈。"

"早安,我的孩子们!"老妇人答道。

老妇人巧妙借用对方话中的"驴妈妈"这个词语,顺其之势,取其精髓,再把自己要说的话经过刻意地加工,平和而又幽默地回击了两个贵族青年的侮辱,在和缓的气氛中,既维护了自己的尊严,又对两个贵族青年予以温和的批评和教育。"巧借人力,顺势而为"的关键在"借"和"顺"两个字上。首先要在别人的话语中发现可借之物,把握其内在的精神,然后顺着这种内在的精神,运用可能前后并不协调的话语,表达出乎对方意料的意思,幽默也就轻松产生了。我们再来看达尔文是怎样运用这种技巧的:

有一次,达尔文应邀出席一次盛大的晚宴。宴会上,他的身边正好坐

着一位年轻美貌的小姐。

"尊敬的达尔文先生,"年轻美貌的小姐带着戏谑的口吻向科学家提问,"听说您认为人类是由猴子变过来的?""当然不是,我所指的是古代的猩猩。"达尔文耸了耸肩膀说。

"是这样啊!那么我也应该是在您的论断之内的吧?"小姐问。"那是当然!"达尔文望了她一眼,彬彬有礼地回答,"我坚信自己的论断。不过,您不是由一般的猩猩变来的,而是由长得非常迷人的猩猩变来的。"

美貌的小姐还不肯罢休,她又以自己的容貌为题材,想再次为难达尔文一下,她说:"猩猩的脸也能变得这么美吗?"

达尔文却借她的美貌作出回答:"当然不是所有猩猩的脸都能变得这么美,自然是迷人的猩猩才能变成这样。"

达尔文从对方的话语中成功地找到了可借之物——"美"和"美貌",然后紧紧抓住这两个要素,顺着小姐的话进行幽默的回答,从而巧妙地维护了自己的进化论,而又未失绅士风度。

"巧借人力"的幽默技巧不仅可以使我们逢凶化吉,同时也能帮我们取得事业的成功,下面就是一个事例:

在英国肯特郡的一个法庭上,琼斯太太正与丈夫闹离婚,理由是她丈夫有了外遇。

法官问道:"琼斯太太,你能不能告诉法庭,与你丈夫私通的'第三者'是谁?"琼斯太太爽快地说:"当然可以,她就是臭名远扬、家喻户晓的'足球'。"法官听后哭笑不得,只得劝道:"足球不是人,你只能控告足球生产厂家!"

谁知琼斯太太果真在法庭上指控了一年生产 20 万只足球的天地足球。更出乎意料的是,通过法庭调解,该厂居然答应赔偿琼斯太太 10 万英镑的精神损失费。

足球场老板说:"琼斯太太与丈夫闹离婚,正说明我厂生产的足球的魅力,而她的控词给我厂做了一次绝妙的广告。"

在这一则幽默故事中,琼斯太太控告天地足球场生产的足球为第三者,足球场老板却利用这一特殊事件,顺着琼斯太太的逻辑,给自己的足球做了一次绝妙的广告宣传。从这里,我们可以看出足球场老板所具备和运用的正是一种"巧借人力"的充满大智慧的幽默。

"请君入瓮"是个成语,出自《资治通鉴·唐纪·十二》,它讲的是关于唐代酷吏来俊臣的一个典故,其中"瓮"是指大坛子。当年在女皇武则天掌管朝政的时候,有人告发了大臣周兴,武则天令来俊臣审问周兴(周兴平日也惯用酷刑,跟来俊臣一向交好)。来俊臣假意请周兴喝酒,席间他问周兴:"犯人不肯认罪怎么办?"周兴说:"拿个大瓮,周围用炭火烤,把犯人装进去,什么罪他会不招认呢?"来俊臣就命人搬来一个大瓮,四面加火,对周兴说:"奉皇命审问老兄,请君入瓮。"周兴吓得连忙磕头认罪。

根据这个典故,我们后人就沿用"请君入瓮"来指设好圈套等别人来钻。把这种计谋用在幽默上,它就发展成为一种富有意味的幽默技巧,或者说是语言技巧。它的突出特点就是:用故弄玄虚的连续的问或答,使对方一步步进入自己的话语迷宫,营造出一种幽默的氛围,同时使他人开窍。下面这个故事就运用了这种幽默技巧。

一考生骑驴赴京赶考,路上问一个放牲口的老汉:"哎,老头儿!这儿离京城还有多远?"

老汉看他穿戴得倒是挺有排场,就是问路不下驴,说话没礼貌。老汉心里想:这算什么书生!老汉本来不想理他,可又想教训他一下,就答道:"京城离这儿180亩。"

书生感到好笑:"喂牲口的!路程都讲'里',哪有论'亩'的?"

老汉冷笑道:"我们老辈子的人都讲里(礼),现在的后生娃没有教养,不讲里(礼)!"

书生脸一沉，说："你这个老东西，怎么拐着弯骂人呢？"

老汉说："喂牲口的老东西本来不会骂人。只是今天心里不痛快，我养的一头母驴，它不生驴仔，偏偏生下了个牛犊。"

书生不明白老汉的意思："你这个人真是稀里糊涂的，生来就该喂牲口。天下的驴子哪有下牛犊的道理？"

老汉还是耐心指教书生说："是呀，这畜生真不懂道理，谁晓得它为啥不肯下驴咧。"

书生听出了话里的意思，面红耳赤，没有作答就扬鞭绝尘而去。

幽默的表达是含意内蕴的。故事中的老汉，通过曲折的暗示故弄玄虚，吸引对方思绪，诱使对方上当，是"请君入瓮"法运用的典范。

在日常生活中，这种艺术使幽默更加显露出它固有的机智与思辨色彩。由于这个原因，在生活中的舌战场合，这种巧设圈套的幽默技巧也被广泛地应用。

有一次，老张到菜市场买鱼。他走到一家鲜鱼摊前，看到摆的鱼虽然不少，但都不是很新鲜。老张提起一条放在鼻子前闻了一下，果然有一股臭味。看来鱼放的时间已经不短了。谁知摊主看到他这么一闻，便非常不高兴地问道："哎，你这是干什么？我的鱼是刚刚打上来的。"老张并没有和摊主争辩，也没有指责他的谎话，而是顺口说了句："我刚刚是和这条鱼说话呢！""嗯？"摊主觉得老张这话挺有意思，不禁来了兴致，想刁难老张一番，于是就说，"那你和鱼说些什么话呢？"老张说："其实也没有什么，我想到河里游泳，所以向那条鱼打听一下现在的水究竟凉不凉。"

"那鱼怎么说呢？"摊主已经笑得上气不接下气了，周围也已经聚集了一些围观的人。"鱼对我说，很抱歉，我不能告诉你。因为我离开河已经十多天了。"老张淡淡地说。围观的人哄然大笑，摊主脸上的笑容却早就不见了。

幽默的老张表面上装作没有发现鱼是变质的,通过和鱼对话这件非常荒谬的事情来化解鱼摊主的戒备情绪,并一步步诱使鱼摊主进入自己的圈套,正是运用了"请君入瓮"的幽默技巧。鱼摊主在整个过程都被老张牵着鼻子走,完全陷入一种被动的状态中。

运用这种幽默技巧必须突破常规思维,出奇制胜地将对方引入你的圈套中。对方则是按照正常的思维去推理,根据你的设计,对方最后必然会进入你的圈套之中。

法国寓言家拉封丹习惯每天早上吃一个土豆。有一天,他把土豆放在餐厅的壁炉里,想热一下再吃,等他回头去拿的时候,土豆却不翼而飞了。于是他大喊:"我的上帝,谁把我的土豆吃了?"他的佣人"此地无银三百两"地说:"不是我。""那就太好了!""为什么?""因为我在土豆里放了砒霜,想用它毒老鼠。"佣人顿时面如土色,承认自己吃了土豆。拉封丹对她解释:"放心吧,我不过是想让你说真话罢了!"

如果拉封丹果真在土豆里放了砒霜,那这个故事就不好笑了。这个故事的幽默之处就在于拉封丹运用了故弄玄虚、"请君入瓮"的方法,诱使佣人说出真话,承认错误。运用这种幽默技巧还可以在特殊情况下给自己留有余地,使事情进行得更加顺畅。

罗斯福任美国总统之前,曾在海军服役。一天,一位朋友向他问及一个秘密行动计划,罗斯福看了看四周,压低声音说:"你能保守机密吗?""当然能!"朋友保证。罗斯福微笑告诉他:"我也能。"

这里罗斯福故弄玄虚,巧妙地为友人设下圈套,为自己解脱困境,即使朋友发觉上了当,心中也明白这是善意的欺骗,这种幽默反而能增进彼此间的友谊。"请君入瓮"的幽默技巧能够体现出一个人高超的智慧。这种幽默还有一个很明显的特点,那就是施用此术的人总是能在与对手的较量中占据主动,先发制人。从一开始,就稳固地占据主动地位,吸引对方的注意力,让对方总是跟着他走,这样,最后的一击才会显得幽默有力和富有戏剧性。

假戏真做

把自己真实的感情隐藏起来，把虚情假意表达得十分真切，假戏真做，这是产生幽默的一种技巧

诸葛亮出师的"一场假戏真做的戏"，是非常幽默的。

诸葛亮少年时和徐庶、庞统等同拜司马徽为师。三年师满，先生说："从现在到午时三刻，谁能得到我的允许，走出水镜庄，谁就算出师了。"弟子们急得抓耳挠腮，有的呼叫："庄外失火！"有的谎报："家中来信，母病危，要速回。"庞统说："如果让我站在庄外，我一定能想出办法，请先生允许我到庄外走走。"这些都没有得到先生的同意，午时三刻就要到了，诸葛亮一脸怒气摔摔打打地直奔堂上，指着先生的鼻子怒叫道："你这先生太刁钻，尽出歪题害我们，我不当你的弟子了！还我三年学费！快还我三年学费！"一席话把先生气得浑身颤抖，喝道："快把这小畜生赶走！"诸葛亮却拗着不走，徐庶、庞统好歹才把他拉了出去。可一出庄，诸葛亮就大笑起来，捡起一根柴棒，跑回庄，跪在先生面前说："方才为了考试，不得已冲撞恩师，弟子愿受罚！"说着送上柴棒。先生这才转怒为喜，拉起他说：你可以出师了。

为了完成考题，诸葛亮活灵活现地表演了对先生的愤恨情绪，激怒司马徽，将他逐出庄，这场假戏真做的戏真是绝妙！显示了诸葛亮超人的智慧。

"假戏真做"法就是将计就计，在对方的圈套外再设一圈套，接着演戏要顺对方之意，诱使对方上钩，这样才能以谬制玄，以恶还恶。

假戏要真做。戏是假的，但反击是真的。因此，不但要演得像，诱使对方上当,而且要演得真,更要演得好,才有好的效果。

假戏真做,演的是假戏,但如果演得不真、不像、不好,那么就失去幽默的效果了。

反语幽默

反语幽默法就是用相反的词语表达本意,使反语和本意之间形成交叉。反语幽默法的技巧在于以反语语意的相互对立为前提,依靠具体语言环境的正反两种语意的联系,把相对立的双重意义辅以其他手段,如语言符号和语调等方法,使对方由字面的含义悟及其反面的本意,从而发出会心的微笑。

反语幽默法是造成含蓄和耐人寻味的幽默意境的重要语言手段之一。简言之,就是故意说反语,或正语反说,或反语正说。

实际上人们常爱说反语,如到朋友家参加聚会,你发现朋友的夫人越来越胖了。你如有幽默感的话,一定会说:"啊,你怎么越来越苗条了。"对方会嗔怪地笑起来。

反语幽默法一般有一定的攻击性。如果有针对性,要注意分寸,主要看对方与你的关系是否经得住刺激。此外还得考虑场合和其他条件。有时同样一句话在一种场合下可以讲而在另一种场合下就不能讲,对同样一个人在他心平气和时能讲,在他心境很差时就不能讲。

准确地把握对方的心境和环境的性质,同时把握自己说话的分寸,是有幽默感的人的重要修养。如果在这一点上粗心大意,那就不但幽默不起来,而且可能冒犯了对方的自尊心,弄僵关系。

可见反语幽默法在幽默对象面前,一定要考虑其复杂性。

《镀金时代》是美国幽默大师马克·吐温的杰作。它彻底揭露了美

国政府的腐败和政客、资本家的卑鄙无耻。在小说发表之后记者采访他时,他答记者问说:"美国国会中,有些议员是狗娘子养的。"此话一经发表,各地报纸杂志争相刊出,使美国国会议员暴怒,说他是人身攻击,正因不知哪些议员是狗娘子养的,便人人自危。所以群起鼓噪,坚决要马克·吐温澄清事实并公开道歉,否则将以中伤罪起诉,求得法律手段保护。几天后,在《纽约时报》上,马克·吐温刊登了一则致联邦议员的"道歉启事":"目前鄙人在酒会上答记者问时发言,说'美国国会中,有些议员是狗娘子养的'。事后有人向我兴师问罪。我考虑再三,觉得此话不恰当,而且不符合事实。故特此登报声明,我的话修改如下:'美国国会中,有些议员不是狗娘子养的'。"

这段"道歉启事",只在原话上加上一个"不"字,前边说"有些是",唯其未指出是谁,因此人人自危;后改成"有些不是",议员们都认为自己不是狗……于是,那些吵吵闹闹的议员们不再过问此事。

马克·吐温以他自己超人的智慧平息了这场风波;以反语幽默的手法,使本来对他怀有敌意的人们谅解了他。这就是反语幽默法的魅力所在。

借语作桥

"借语作桥"法是指交谈中,一方从另一方的话语中抓住一个词语,以此为过渡的桥梁,并用它组织成自己的一句对方不愿听的话,反击对方。

作为过渡桥梁要有一个特点,那就是两头相通,且要契合自然,一头与本来的话头相通,另一头与所要引出的意思相通,并以天衣无缝为上。

　　马克·吐温有一次在邻居的图书室浏览书籍,发现有一本书很吸引人。他问邻居是否可以借阅。

　　邻居说:欢迎你随时来读,只要你在这里看。你知道我有个规矩,我的书不能离开这个房子。

　　几个星期后,这位邻居来访马克·吐温,向他借用锄草机。马克·吐温说当然可以,但是按我的规矩,你得在这栋房子里使用它。

　　马克·吐温的幽默感表现在借用对方的词语表述了与对方意愿相悖的意思。"借语作桥"法的难处,不是寻找两头契合的词语,而是从对方的话头中看中一个词语,把它抽出来,这个词语要便于组成你自己的语句。

　　这好像是小学生做造句练习,不过比小学生的造句练习多了一个要求,那就是造出来的句子意思不得与对方的愿望一致或相似,只能与对方的愿望相反或相应。

　　"借语作桥"法的功能很多,不一定都用之于斗智性的戏谑,也可用于一般性的调笑。其特点是抓住对方话头中的一个词语,构成一个无任何攻击性的句子。

　　"借语作桥"法在于接过话头以后,还要展开你想象的翅膀,敢于往脱离现实的地方想,往荒唐的、虚幻的地方想。千万别死心眼、傻乎乎,越是敢于和善于"胡说八道",越是逗人喜爱。

迂回取道

　　真假并用,以曲折的、间接的,而且带着很大的假定性,把你的意见稍做歪曲,使之变成耐人寻味的样子,通过歪曲形式来使对方领悟你真正的意思,这叫"迂回取道"。

作者："先生,我这篇小说写得怎样?"

编辑："写得太好了,完全可以发表,不过,有一个地方需要略微改动一下。"

作者："真的吗,那么请你斧正吧!"

编辑："只要将你的名字改成巴尔扎克就行了。"

如果要直说"你这篇小说全文照抄巴尔扎克"也许会简洁明了得多,但是太一本正经,太枯燥,太没有味道了。

一般人之所以缺乏幽默感,就是因为太习惯于直截了当的简洁明了的表达方式,而幽默则与直截了当不相容。所以要养成幽默感,就要学会迂回曲折的表达方式,明明看出抄袭却不能说出来,你得把它当成写得很棒。等他以为蒙混过去了,你才从某个侧面毫不含糊地点他一下,让他自己心里明白。

在这样做的过程中,你得时时刻刻与自己想直截了当地表现自己的洞察力的冲动做斗争。

你明明是聪明人,可你得装傻,只有你装了傻,才可能在下一步显得更聪明。你把装傻装得越认真越好。

编辑："这首诗是你自己写的吗?"

作者："是的,每一句都是我写的。"

编辑："拜伦先生,我十分高兴地看到你,我以为您死了已经有一两百年了。"

关键要装到底。把傻话当真话说,把真话当傻话说,两手并用,这时你才能不动声色地让对方的马脚一个一个地露出来。在这里把对方当作拜伦已经是一个很大的马脚了,但分量可能还不足,再代他点出拜伦是一百多年前的人,让他感到无处逃遁。

在人际交往中,这种"迂回取道"法的幽默说话技巧,自然并不限于对付抄袭的作者,要学会傻话真说,真话傻说,正话反说,反话正说。切忌真话真说,假话假说,正话正说,反话反说。

　　幽默之妙在于真则假之,假则真之,正则反之,反则正之,真真假假,正正反反,相映成趣。

心灵悄悄话

　　说话的卑怯现象,从本质上说是对对方评估过高引起的。过高地评估了对方,从而看轻了自己,产生距离意识和崇拜意念,也就自然而然既卑且怯了。我们要加强对对方的认识,切勿对对方过高认定,要把他看作一个平常人。

合时宜的幽默

幽默要讲究时机和场合

言语交际的失败大多与滥用幽默有关。滥用幽默不光使自己陷入尴尬的困境，而且导致别人轻视你，使你丧失人格价值。在众人的目光中，喋喋不休者仿佛如小丑一样可笑，故作幽默者更胜过小丑，因而我们运用幽默时，千万要注意时机和场合。

幽默，要讲究时机

英格兰人常说：尽管幽默力量很重要，但它并不是生活的全部。当时机恰当的时候，你就去用它。

西方4月1日的愚人节，是捉弄人的节日，这一天，如果一个足不出户的小伙子突然接到姑娘约会的电话，一个姑娘突然接到不是父母的父母来信，一个人到澡堂洗澡，衣服不翼而飞，一个学生去上课，教室里却空无一人，因为今天是星期日。谁都想在这无所顾忌的节日里高高兴兴地捉弄别人，而被捉弄的人发觉上当后也为实实在在地被人捉弄而高兴。

幽默不是随时都可以抛洒的，随着文明的进步，生活经验的积累，人们越来越清楚地认识到：幽默要讲究时机。

幽默，也要讲究场合

如果你仅仅把讲究时机作为幽默语言的准则，那就太狭隘了，因为要想成功地使用幽默,在讲究时机的同时还应当注意大环境。毫无疑问,讲究场合,才能把幽默运用得更加恰如其分。

在发生重大事件的严肃场合,或者在葬礼上,不合时宜的幽默话语会引起别人的误解甚至怨恨。比如朋友正为失去亲人而伤心,你对在灵前落泪的朋友说:"去世的那位先生一定是个个性强硬的人,你看,他现在从头到脚都是僵硬的。"这番幽默几乎可以肯定会受到痛斥。在庄重的社交活动中,任何戏谑的话语都可能招来非议,在庄重场合,如果你幽默起来没边没际,太过夸张,为追求效果而手舞足蹈、脱离自己的平常个性,也会让人反感,人家会觉得你虚伪浮躁,不够稳重。这会严重影响你的个人形象。

幽默要注意对象

曾经不止一位幽默理论家这样告诫我们:观察对方的个性、好恶和心情,乃是成功施展幽默的窍门。的确,**俗语说:"一种米养百样人",社会每个成员的性格、心理、教养都不尽相同,意趣更是千差万别,假如你对幽默参与者的个性不够了解,那么你苦心经营的幽默必会报废不少。**

因此,在社会交际中,要视对象的不同,注意把握分寸,才能收到好的效果。比如一些关于盲人的幽默,对于真正的盲人就不适宜了。在社交生活中,我们应根据具体的环境、对象和氛围,采用适当的形式来表达出恰当的幽默。

在图书馆门口,有一位男士开门让一位女士进来。

"如果你因为我是女的,所以开门让我进来,那就算了吧!"她说。

"不,夫人,"他回答,"我为您开门,是出于尊重你是个长者。"

所谓顾及听众，当然不是一种姿态，一种态度，而是幽默作为交际的艺术天经地义必须具备的前提条件。

幽默的群体性和共娱性特征是十分明显的。又由于群体是由个人构成的，因此能够娱乐甲的一句话，可能在乙听来是侮辱。如果你忽视了这一点，一味地强调自我的兴致和偏爱，丝毫不放弃个人的思路，那么，你的幽默将黯然无光。有关种族的幽默是最微妙、最难处理的。当你和一群人都是流着共同祖先的血液时，说说种族的幽默可能会减轻每个人心头的负担；但当一群人分别来自不同的种族时，使用涉及种族的幽默则会有很大的危险性。

注意对象，了解对象，才容易找到合适的幽默话题；适应对方的心理需要，才能真正达到沟通的目的。分而治之，是现代幽默的最为完美战术。

最后要说的是，一个真正的幽默家首先要愿意接受他人的信息。当他对人幽默地发表意见时，你有义务报以微笑，而不是冷言冷语来泼他一头冷水。因为，幽默并非某一个人的特权，它是整个社会的财富。笑具有传染性，为他人捧场，你的合作态度会得到由衷的感谢，只要气氛活跃了，该你施展幽默时，也会一路绿灯。

心灵悄悄话

有时我们说话产生卑怯现象，并不是小觑自己的缘故，而是极强的表现欲望造成的。说话之初就想着一鸣惊人，压倒他人。当发现别人口才卓绝、见解精辟时，便产生失落感、挫折感，情绪上就受到冲击而一落千丈。

制造幽默有条件

幽默形成的基础和条件

幽默的谈吐无论是在日常生活中,还是在重大的社交场合,都是不可缺少的。它能使严肃紧张的气氛顿时变得轻松、活泼,它能让人感受到说话人的温厚和善意,使其观点变得很容易让人接受。

幽默的语言能使局促、尴尬的场面变得轻松、和缓,使人立即消失掉拘谨或不安,它还能调解小小的矛盾。

例如,一个小孩向一个陌生人问路,陌生人有个大鼻子,马上叫出来"大鼻子",假若这位陌生人没有幽默感,就会不高兴,而孩子的父母也会感到难为情。要是这个小孩叫他"大鼻子叔叔",大家就会一笑而解决问题。

一句得体的幽默会消除一场误会,一句巧妙的幽默言辞能胜过好多句平淡无味的攀谈。

幽默的话语,具有愉悦、美感、批评、教益、讽刺等作用,所以列宁说:"幽默是一种优美的、健康的品质。"在适当的场合,以幽默的谈吐来增强交际的生动性和亲切感,已被看成是一个人的优点。国外把"有幽默感"作为评价人格好坏的标准之一,可见,幽默感何等重要。

那么,幽默形成的基础和条件是什么呢?

（1）要有高尚的情趣和乐观的信念。

恩格斯曾经说过："幽默是表明工人对自己事业具有信心并且表明自己有着优势的标志。"幽默的谈吐是建立在说话者思想健康、情趣高尚的基础上的。它对人提出善意的批评和规劝，它必然要求批评者有较高的思想境界和较高的涵养。一个心地狭窄、思想颓唐的人是不会幽默的。幽默永远属于那些热心肠的人，属于那些生活强者。幽默者品德要高尚，要心宽气朗，对人充满热情。老一辈革命家在与人民群众讲话、攀谈时，言谈话语间有时便流露出一定的幽默感，使人感到分外热情、亲切，这与他们的崇高品德是联系在一起的。

（2）要有较高的观察力和想象力。

幽默的谈吐具有反应迅速的特点，这就要求说话者思维敏捷、能言善辩，而这些又来自于对生活的深刻体验和对事物的认真观察。具有较高的观察力、想象力，才能通过仿拟、移时、降用、拈连、比喻、夸张、双关等方式说出幽默的话语。

（3）要有较高的文化素养和语言表达能力。

幽默的谈吐是人的聪明才智的标志，它要求有较高的文化素养和较强的驾驭语言的能力。一个人语言修养高、知识丰富，对古今中外、天南海北、历史典故、风土人情、各种各样的事情都有所了解和掌握，再加上语汇丰富及语言表达方式灵活、多样，这样他平时讲起话来就会得心应手，自然就容易活泼、生动、有趣。

在这里还要指出，幽默只是手段，并不是目的。不能为幽默而幽默，一定要根据具体的语境，适当选用幽默话语。另外，人的才能不一样，有的会幽默，有的不会幽默。不会幽默的，则不必强求。否则，故作幽默，反而会弄巧成拙。

幽默的五大方法

幽默给人以从容不迫的气度,更是成熟、机智的象征。你不必为自己的言语贫乏而懊恼,掌握下列幽默方法,你也可以成为幽默专家。

(1)当你叙述某件趣事的时候,不要急于显示结果,应当沉住气,要以独具特色的语气和带有戏剧性的情节显示幽默的力量,在最关键的一句话说出之前,应当给听众造成一种悬念。假如你迫不及待地把结果讲出来,或是通过表情与动作的变化显示出来,那就像饺子都破了一样,幽默便失去味道,只能让人扫兴。

(2)当你说笑话时,每一次停顿,每一种特殊的语调,每一个相应的表情、手势和身体姿态,都应当有助于幽默力量的发挥,使它们成为幽默的标点。重要的词语应加以强调,利用重音和停顿等以声传意的技巧来促进听众的思考,加深听众的印象。

(3)不管你肚子里堆满了多少可乐的笑话和俏皮语言,你都不能为了体现你的幽默,而不加选择地一个劲儿地倒出来。语言的幽默风趣,一定要根据具体对象、具体情况和具体语境来加以运用,而不能使说出的话不合时宜。否则,不但收不到谈话所应有的效果,反而会招来麻烦,甚至伤害对方的感情,引起事端。

因此,如果你现在有一个笑话,不管它有多么风趣,但是,如果它有可能会触及对方的某些隐痛或缺陷,那么,你还是把它咽到肚子里去,不说出来为好。

(4)有些人在做说服别人的工作时,运用幽默过多,常常是笑话接笑话,连篇累牍,就像连珠炮一样。这样一来,谈话内容往往会脱离主题,难以实现说服别人的目的。对方听起来,也会感到莫名其妙,不知道你究竟要说什么,甚至认为你在向他展示幽默才能呢!

（5）最不受欢迎的幽默，就是在讲什么笑话之前或之中，自己就先大笑起来。自己先笑，只能把幽默给吞没了。最好的方式是让听众笑，自己不笑或微笑。这就是说，采取"一本正经"的表情和"引入圈套"的手法，才是发挥幽默力量的正确途径。

心灵悄悄话

心理的变化会引起生理的相应变化；同理，生理的调节也会对心理产生影响。当说话卑怯心理控制时，通过生理上一些调节措施注注可以取得良好效果，比如通过呼吸、搓手、舒展四肢、走动等方式，都可以消除、缓解卑怯紧张的心理。

第七篇

说服他人的技巧

在生活中需要说服的对象有很多,他可能是你的父母、你的上司、你的顾客、你的朋友、你应聘的主考官……有时候,某些人欲在你身上实施犯罪行为的时候,你更应该临危不惧,巧妙地使用说服技巧,使他放下"屠刀",避免造成严重的恶果。在生活中,随时可能遇到要说服别人的情况,如果不掌握技巧,说服就难以达到理想效果。

有效地说服别人的口才既是一门艺术,又是一门技术。要想掌握这门技术,我们完全可以通过学习解决。学习别人的经验,可以使我们少走弯路。

有效说服他人的四个步骤

有效地说服别人最能展示一个人的口才。美国的一位心理学家总结了有效说服别人的四个步骤,他是从满足对方的需要的角度考虑的。具体地说,这四步是:

(1)揣摩对方的需要和目标。

通过提问,可以引导被说服一方去发现问题症结所在,也可以引导他们提出解决问题的方案。因此,提问是相当重要的技巧。

伏尔泰说:**"判断一个人凭的是他的问题,而不是他的回答。"**确实,问题提得好,乃是高明说客的一项标志。这类提问,有助于人们整理自己的思想和感受。

也正是通过提问,使得你对别人的需要、动机以及正在担心的事情,具有一种相当深入的了解,有了这样的答案,他人的心灵大门也就对你敞开了。

要想有效地运用提问技巧,你还得注意以下三个重要事项:

①清晰化——问题一般是针对对方的讲话而发的。事实上,这类提问的总意图不外是:我已听到你的话,但我想确定一下你的真实意思。以清晰化为目的的提问,是反馈的一种形式。它可以使说话人的意思变得更加明了。

②将问题加以扩展——你提问题的目的就是想知道更多的信息,比如对方优先考虑的事情是什么。事实上,你这样提问题就等于告诉对方:我理解你的意思,但我想知道得更多些。

③转移话题——有一类问题在转移话题时很有用。在你这样提问的

时候,你实际上是在说:我对你这方面的想法已很清楚,让我们换个话题吧。通过这样的提问,你的航船就会转舵到更加顺水的方向上去。因此,对方的回答使问题不断扩展下去,但扩展到一定程度,你就得用转向提问去改变话题。

你的见解要与他人的需要、愿望、目标相结合,要时时注意从别人那儿得到反馈,这样你就会成为一名强而有力的说客,时时揣摩那些需要,不断促使他人显露他那个需要差距,他那个"可是",这才是至关重要的第一步。

(2)提出并选择解决办法。

通常,当你试图说服他人的时候,你会发现事实上存在着多种解决问题的办法。于是,在多数情况下,你就会与对方一道,着手寻找缩小需要差距的途径。如果是大家一块儿商量出了解决办法,那么对方就不会袖手旁观,而你也就用不着独自苦思冥想,用不着把自己的想法费尽口舌硬塞给对方。

比方说你是一个房地产推销商,你也许能够用大套房子去满足对方家庭生活的需要,但在购物和孩子上学这些问题上却碰到了麻烦;或者你也许能满足所有这一切要求——包括购物和上学——但价格上又不行。但是,如果事先你与顾客有个商量,对他们计划中的首要事项和迫切需要解决的问题,你都心中有数,那么像上述一类的难堪局面就可以避免。

如果你把某些人召集起来,试图改变他们的关系,或者你已经激起对方的兴趣,这时候你千万不要径直指示对方该如何如何去做。相反地,你可以问他们一些问题,比如这样做是否满意,或在他们看来,哪些做法能带来最大的改善。

这一切,都有助于建立相互尊重、相互信赖的人际关系。信赖,按照管理学著作家和演讲人戈登·薛的说法,乃是:**"有序生活中的奇迹般的因素——减少摩擦的润滑剂,游离分子的黏合剂,互助行为的催化剂。"**

关键之处还在于,你需要让对方知道,这事也有他的一份;你不能对对方进行强迫和压制。强迫别人照你说的去做,可能会一时奏效,但从长

时间去看，你会得不偿失。

（3）建立实施方案。

如果你做的是简单的推销，一句"是"或"不是"就解决问题，此外更无须再费什么口舌，那事情当然好办。但如果问题头绪繁多，事情要分阶段分步骤去做，那你们就得在程序上取得共识。

就拿医生来说吧，他们常常抱怨说，病人之所以恢复得不好，是因为他们并没有完全遵照医嘱去做。一旦他们感觉好了一些，他们就会停止服药。就是在有医生照看的情况下，病人有时也会我行我素，事后就诉苦说病态重萌。

也许，作为医生，他得把病情和药效这方面的问题跟病人讲清楚。比如，咽喉疼痛的症状，使用抗生素后两天就可以缓和下来，但作为医生，他就应该告诉病人，以后几天内病菌可能仍然残留着，要加以控制才是。病人明白这一点之后，往往就会遵照执行了。

在有些人看来，你的观点、你的产品和你的目标都不错，但可惜都不在他们优先事项之列。这时候，做到知己知彼就很重要。你为什么觉得那样做有价值？对此你越是解释得好，你就越能拨动他人的心弦。

而且，要想说服别人，你还得帮助对方把那些他们认为最有价值的优先事项清理出来。在我们刚刚谈到过的揣摩阶段，是你调查他人优先事项的绝好时机。

只有这样，你的观点、产品和目标的内在价值，才能与顾客的优先考虑事项相互适应和相互配合。

（4）反复衡量，确保成功。

在加州硅谷，在这个美国众多高技术公司激烈角逐的地方，流行着这么一句格言：衡量不了，也就把握不住。那些计算机公司领导们也总是这么说，高技术领域瞬息万变，做到眼明手快相当重要，你要毫不迟疑地抓住那些信息和数据。

这一点，对我们也是一个重要启示。事实上，一个长时间影响着人们思维的真正奥秘是，对于未来之事，他们往往没有固定的看法，他们常常超出自己的预期。所以，你首先应该做的就是帮助他们把产品成功之处明确起来，投资了多少，使用寿命有多长，保修年限是多少，要尽量把它们数字化，要尽量说得具体一些。

只有等到对方点了头之后，你的说服和影响工作才算是做到家了。作为说服工作的第四步，就是要与对方经常保持接触，直到弄清楚他们需要什么，他们怎样看问题为止。

心灵悄悄话

> 基金募集大师迈克尔·钱德勒，早年有很大的弱点——对自己同别人交谈的能力没有自信。因此他养成了给别人写信和写便条的习惯。熟能生巧，过了一段时间，他成了写信和写便条的高手，他把弱点转化成了力量，他写的信和便条拓展了他的关系网。

说服他人的有效策略

具有良好的口才、说服能力强的人，必然是现代社会中的活跃人物，能左右逢源、顺风顺水地达成自己的目的。掌握善于说服别人的口才艺术，无论立身处世，还是交友待人，都会轻松自如。

有效地说服别人的口才既是一门艺术，又是一门技术。要想掌握这门技术，我们完全可以通过学习解决。学习别人的经验，可以使我们少走弯路。那么，说服别人的有效策略究竟有哪些呢？下面的经验值得借鉴：

（1）注重感情。

人本身就是一种有感情的动物。在人与人的接触和交往中，感情的作用十分重要。在说服人的时候，首先要创造一种平和、温馨或是热情、诚恳的气氛。有人说，再雄辩的哲学家也不好说服不愿改变看法的人，唯一的手段就是先使他的心变软。其道理就在这里。在说服对象抵触情绪比较重的情况下，先让他们发挥一下是对的。发挥不只是情绪的宣泄，而且可以让他们在原来的路上往前走得更远。这时，因为事情已经过火、过头，也因为走得越远，错误越容易暴露，他们自己便会意识到错误，这样，自己就把自己说服了。

（2）先顺后逆，先退后进。

心理学有个"名片效应"，是说与人接触，先要向人家介绍自己的情况，让人家了解自己，取得信任。心理学还有个"自己人效应"，是说与人接触，要取得人家信任，就应该先让人家认可你是他的"自己人"。我们采用这种先顺后逆的说服法，可以消除对方的对立情绪，拉近双方的心理距离,引起认同感。

当两个方面对立起来的时候,要想在对立的观点、认识上取得一致意见,就不太容易了。但是,如果你转换一下思维的角度,摘其可取之处加以肯定,先转化对方的心理和情绪,然后再进行理性说服,这就容易有效果了。

先退后进是说,要先按被说服者的思维线路和行为途径往前推,一直推到错误处,以此得出结论——此路不通。这样,站在对方的思想和行为的角度说理,就容易被接受了。

(3)激发动机。

美国的门罗教授提出了一种激发动机的五步法。一是引起对方的注意。主要是要善于提出问题。二是明确你需要什么。把说服对象引到他自己的问题上。三是告诉他怎么解决。拿出具体的解决办法。四是指出两种前途。即是不同的两种结果。五是说明应采取的行动。这便是结论。这种方法实际上也是站在对方立场上说服对方,是从对方的动机出发,先在动机上寻求一致点,再去求同存异。

(4)寻找沟通点。

这即是如何引起对方注意,善于提出问题。实际上,无论是在心理、感情,还是在理性上,我们都可以找到双方的共鸣之处,即沟通点。共同的爱好、兴趣,共同的性格、情感,共同的方向、理想,共同的行业、工作等,都是很好的沟通媒介。

事情往往是这样的,对方哪怕是向我们这方迈出一小步,他们的立场、态度、认识都会发生显著的变化。

(5)归纳法。

这是一种提供多种事实,让对方自己去分析、归纳的方法。对有对立情绪的人,采用只提出事实、不给结论的方法,容易被接受。

(6)对比法。

摆出正反两个方面的事实,让对方自己去判断是非曲直,或让他们跟着我们一起去判断对错。这也是一种好方法。

（7）心理换位法。

我们站到对方的位置上或使对方站到我们的位置上，这样容易相互理解、体谅。有一句话："挤上车的人往往会改变态度"，这话是有道理的。

（8）以大同求小同。

在具体问题上发生分歧，把问题停留在具体问题上，事情往往不好解决。如果把这个问题转移到相关的，如目标、理想这样的高层次上，我们就容易找到共同点。自然，有共同点，又是大共同点，统一认识、看法，也就好办了。

（9）利用兴奋点。

就是利用人们最关心、关注，引起人们兴趣、兴奋的事情，把这些事情和我们要说的事情联系起来，以此激励、刺激人们的理性、心理，以便获得说服的效果。这需要我们开动脑筋，善于寻找那些确能使人兴奋的事情。

（10）拿出权威的数字。

心理学有个"权威性偏见"，是对权威产生的一种过分崇拜的评价性偏见。人们听到的、看到的，往往是权威表面上闪光的东西，并不了解他的另一面，所以会产生盲目性。问题是，人们并不很清楚这一点。

你用权威的话说，人们就信服；你拿出权威的数字，人们就很少提出疑义。这样，在一定的条件下，适当引用权威的语言或材料，也能起到说服的作用。比如，"事故多发地段，请注意安全"和"交警提醒您：这里一个月有三人死于车祸"这两句话相比，显然，后者的作用会大得多。

有这样一句名言："到客户那里五次，他就会购买。"当然，这是就推销商品而进行的说服。其实，就日常的说服工作而言，也是如此。若你锲而不舍、不断谈心，或是不断灌输，最终是会有所收效的。

说服别人的方法和技巧

说服别人，必须要晓之以理、动之以情，切忌盛气凌人、以势压人，也不宜与人激烈辩论不休。有些人说服人经常犯的毛病就是先想好几条理由，然后去和对方辩论；还有的是站在长辈的立场上，以教训人的口吻，指点别人该怎么做。这样一来，就等于先把他人推到自己的对立面，容易引发对立情绪，很不利于说服工作的进行。

其实，说服别人的方法和技巧很多，以下几种是比较实用和简便的：

（1）用高尚的动机来激励他。

在一般情况下，每个人都崇尚高尚的道德、正派的为人，都有起码的政治觉悟和做人道德。所以，在说服他人转变看法的时候，一个有效的办法就是用高尚的动机来激励他。比如说这样做将对国家、公司带来什么好处，或将对家庭、对子女带来什么好处，或将对自己的威信有什么影响等。这往往能够很好地启发他，让他做应该做的事。

（2）用热忱的感情来感化他。

当说服一个人的时候，他最担心的是可能要受到的伤害，因此，在思想上先砌上了一道墙，在这种情况下，不管你怎么讲道理，他都听不进去。解决这种心态最有效的办法就是用诚挚的态度、满腔的热情来对待他，在说服他的时候，要用情不自禁的感情来感化他，使他从内心受到感动，从而改变自己的态度。

（3）通过交换信息促使他改变。

实践证明，不同的意见往往是由于掌握了不同的信息造成的。有些人学习不够，对一些问题不理解；也有些人习惯于老的做法，对新的做法不了解；还有些人听人误传，对某些事情有误解等。在这种情况下，只要能把信息传给他，他就会觉察到行为不是像原来想象的那样，进而采纳说

服者的新主张。

（4）激发他主动转变的意愿。

要想让别人心甘情愿地去做任何事，最有效的方法不是谈你所需要的，而是谈他需要的，教他怎么去得到。所以有人说："撩起对方的急切意愿，能做到这一点的人，世人必与他同在；不能的人，将孤独终生。"

探察别人的观点并且在他心里引起对某项事物迫切需要的愿望，并不是指要操纵他，使他做只对你有利而不利于他的某件事，而是要对方做对他自己有利，同时又符合你的想法的事。这里要掌握两个环节：一是说服人要设身处地地谈问题，要把别人的事当作彼此互相有利的事来加以对待；二是在促使他行动的时候，最好让他觉得不是你的主意而是自己的主意。这样他会喜欢，会更加主动和积极。

（5）用间接的方式促使他转变。

说服人时如果直接指出他的错误，他常常会采取守势，并竭力为自己辩护，因此，最好用间接的方式让他了解应改进的地方，从而让他达到转变的目的。所谓间接的方式是多种多样的，如变指责为关怀，用形象的比喻来加以规劝，避开实质问题谈相关的事，谈别人的或自己的错误来启发他，用建议的方法提出问题等。这就要靠说服者根据实际情况创造性地加以运用。

（6）提高对方"期望"的心理。

被说服者是否接受意见，往往和他心目中对说服者的"期望"心理有关，说服者如果威望高，一贯言行可靠，或者平时和自己感情好，觉得可以信赖，就比较愿意接受他的意见。

（7）以对方感兴趣的人或事间接扣动对方。

在不能正面说服的情况下，采用"智取"的策略，激起对方的兴趣，间接打动对方。

（8）委婉表达。

这种方法在照顾对方的自尊和面子的情况下，又表达了自己的需求，对方很容易明白，一般也乐于接受。

(9)清楚地了解对方的希望和愿望。

这种方法既能照顾对方的需要,又能达成自己的目的,何乐而不为呢?

(10)站在对方的角度上考虑问题。

设身处地替别人想想,了解别人的态度和观点比一味地为自己的观点和主张作争辩要高明得多,不管在谈生意还是说服别人的时候都是如此。

心灵悄悄话

日常生活中,每个人说话时,都会依自己倾注谈话的热心程度而表现出热情与兴趣。这时,我们的真情实感常会从内心里流露出来,这是一种自然地流露,也是一种易感染他人的流露。

说服是有条理的

说服要抓住要害

一个人最关心的往往是与自己有关的一些利益,因为人们毕竟生活在一个很现实的社会里,虽不能说"人为财死,鸟为食亡",但人要生存,就离不开各种与己有关的利益。所以,当你想要劝说某人时,应当告诉对方这样做对他本人有什么好处,不这样做又会带来什么样的不利后果,相信他不会不为所动。

下面是一件发生在球王贝利身上的真实的故事:

球王贝利,人称"黑珍珠",是人类足球史上享有盛誉的天才。在很小的时候,他就显示出了足球的天赋,并且取得了不俗的成绩。

有一次,小贝利参加了一场激烈的足球比赛。赛后,伙伴们都精疲力竭,有几位小球员点上了香烟,说是能解除疲劳。小贝利见状,也要了一支。他得意地抽着烟,看着淡淡的烟雾从嘴里喷出来,觉得自己很潇洒、很前卫。不巧的是,这一幕被前来看望他的父亲撞见。

晚上,贝利的父亲坐在椅子上问他:"你今天抽烟了?"

"抽了。"小贝利红着脸,低下了头,准备接受父亲的训斥。

但是,父亲并没有这样做。他从椅子上站起来,在屋子里来回地走了好半天，这才开口说话："孩子，你踢球有几分天赋，如果你勤学苦练，将来或许会有点儿出息。但是，你应该明白足球运动的前提是你具有良好的身体素质。可今天你抽烟了。也许你会说，我只是第一次，我只抽了一根，以后不再抽了。但你应该明白，有了第一次便会有第二次、第三次……每次你都会想：仅仅一根，不会有什么关系的。但天长日久，你会渐渐上瘾，你的身体就会不如从前，而你最喜欢的足球可能因此渐渐地离你远去。"

父亲顿了顿，接着说："作为父亲，我有责任教育你向好的方向努力，也有责任制止你的不良行为。但是，是向好的方向努力，还是向坏的方向滑去，主要还是取决于你自己。"

说到这里，父亲问贝利："你是愿意在烟雾中损坏身体，还是愿意做个有出息的足球运动员呢？你已经懂事了，自己做出选择吧！"

说着，父亲从口袋里掏出一沓钞票，递给贝利，并说道："如果不愿做个有出息的运动员，执意要抽烟的话，这些钱就作为你抽烟的费用吧！"说完，父亲走了出去。

小贝利望着父亲远去的背影，仔细回味着父亲那深沉而又恳切的话语，不由得掩面而泣，过了一会儿，他止住了哭，拿起钞票，来到父亲的面前，说："爸爸，我再也不抽烟了，我一定要做个有出息的运动员！"

从此，贝利训练更加刻苦。后来，他终于成为一代球王。他的成功跟父亲的一番教导是分不开的。至今，贝利仍旧不抽烟。

那些善于操纵说服技巧的人往往不是与对方不停地周旋，而是抓住关键，一语中的。这一点如果发挥得淋漓尽致，就可以成就大事。球王贝利的经历足以证明这一点。

再看一例：

汉代著名丞相萧何有一次向汉高祖刘邦请求将上林苑中的大片空地让给老百姓耕种。上林苑是一处为皇帝游玩嬉戏打猎消遣的大片园林。

刘邦一听萧丞相居然要缩减自己的园林,不禁勃然大怒,认为萧何一定是接受了老百姓的大量钱财,才这样为他们说话办事的。于是萧何被捕入狱,同时被审查治罪。当时的法官延尉为讨好皇上,只要皇上认定某人有罪,廷尉不惜用大刑使犯人服罪。就在这紧要关头,旁边的一位姓王的侍卫官上前劝告刘邦说:"陛下是否还记得原来与项羽抗争以及后来铲除叛军的时候吗?那几年,皇上在外亲自带兵讨伐,只有丞相一个人驻守关中,关中的百姓非常拥戴丞相。假如丞相稍有利己之心,那么关中之地就不是陛下的了。您认为丞相会在一个可谋大利而不谋的情况下,去贪百姓和商人的一点小利吗?"

简单几句话,句句击中要害。刘邦深有感触,终于认识到自己的鲁莽,对不起丞相的一片诚心,感到非常惭愧。于是当天便下令赦免萧何。

"动之以情,晓之以理",这是劝导说服别人的最根本的两条原则。以理服人就是摆事实、讲道理,让人从你讲的道理中领悟到其正确性,从而接受你的意见,按照你的意见行事。需要注意的是劝导说服要对准要害。大凡被劝者往往对某一问题想不开,结上了疙瘩,怀有成见。要说服之,非对准这个要害不可。否则,喋喋不休,磨破嘴皮,也是隔靴搔痒,不能解决问题。再就是劝导说理要具体实在,既不能讲空话、套话和大话,也不能像做报告那样,需要的是实在的论证说理。

说服要有耐心

我们在说服别人的时候,经常犯的错误,除了过分心急,不够耐心之外,就是我们并没有在说服的过程中提高自己的认识。我们不外乎把我们说过的话说了又说,说来说去还是那一套,许多人不能说服别人,恐怕第一步就失败在自以为是上了。

因为没有关心别人的生活，没有细心地去研究别人的问题，就下了判断，自以为"一眼就看穿了别人"。就如医生，未详细了解病情就下了诊断结论，结果是变"医"为"害"了。

在说服别人之前，最重要的是把准备工作做好，先把别人的想法，别人的问题看清、摸准，反复研究，深思熟虑。在说服别人之前，多听、多看、多想、多研究、多分析，把别人的想法、做法和问题所在看得清清楚楚，使自己给出正确的判断。

假定我们的看法是对的，我们的意见是正确的，那么，在我们去说服别人的时候，我们可能犯些什么错误呢？首先，我们可能过分心急，巴不得别人听了我们的话，立刻点头、说好、大为赞赏，向我们感激地说："听你一席话，胜读十年书。"或："你的话，真是一言警醒梦中人，倘若我早能向你请教，早能听到你的指点，那就不会惹出这么多麻烦了。"

是的，这种情形不能说没有。一个头脑清楚，眼光敏锐，而又善于表达自己意见的人，对别人常常会有这样的帮助。但实际上，这种情形是不太多的，在大多数场合，别人不会被我们一"说"就"服"的，我们应明白，别人的看法、想法、做法，不是一天形成的，正所谓"冰冻三尺，非一日之寒"。因此，没有那么快就改变自己的想法的。即使别人肯听我们的话，甚至在听我们说话时，曾经大加赞赏，大为感动，说了许多使我们非常高兴的话，但回去仔细考虑之后，他们原先的想法，又可能占上风。

何况，别人所接近的，也并非只有一人。别人所听到的，也并非只有一种意见。除了我们，别人还有他们很熟悉的或很信任的家人、朋友，也许比我们更能说服他。

如果你操之过急，就会把意见强加于人，使问题更难解决。

其次，各人的思想不同，而这些思想及心里的成见是根深蒂固的，就像一座山，要移去这座山，就需要有"愚公"的魄力和勇气。

我们第一要耐心，第二要耐心，第三还是要耐心。遇到不能说服别人，反而被别人抢白一顿的时候，不要生别人的气，更不能生自己的气，也不要泄气。说服别人也像愚公移山一样，今天挖开一角，明天铲平一块，

今天解释清楚一个细节,明天说明一个要点,日积月累,相信是会解决问题的、会说通的。

有的时候,别人实际上已经被我们说服了,但是在他的身后却存在庞大的力量,这个人拉住他的手,那个人扯住他的脚,因此,我们面对的就不只是一个人,而是很多人。这时候,我们也应该增加我们的力量,介绍好的书给他看,请他去看一部很好的电影,也可以找几个见解和我们相同、口才比我们更好的人,和他做朋友,和他谈谈各种问题。这样,双方在想法上可能展开了拉锯战,就像一场"拔河比赛"。可是,正确的意见,总是会胜利的,除非你不再努力、不再坚持。

这样做,对你自己也不是没有好处的,可以使你本来正确的认识,更细致更丰富,可以使你对本来看得清楚的问题,看得更深刻更透彻,当然也就同时锻炼了你的眼光、你的脑子和你的口才,增强了你说服别人的能力。

心灵悄悄话

在说话和演讲上,如果我们能够调动自身的激情,以情感人,那么,听者的注意力便在我们的掌控之下,我们就掌握了开启听众心灵之门的钥匙。正如唐代大诗人白居易所说:"动人心者莫先于情。"

要说服先了解

在现实社会中，矛盾不断产生，正反两方是永远存在的，因此，正确的必须说服错误的，正直的必须说服邪恶的，眼光远大的必须说服眼光短浅的，好的必须说服坏的，大公无私的必须说服自私的，思想创新的必须说服头脑顽固的。社会上，更有许多不合理的事情，需要我们去说服当事人改变或改善他们的做法……

以上种种现象说明了说服工作的重要。说服，这是永远不能停止，也永远不能懈怠的事。

我们要说服别人，首先必须透彻地了解别人的意见，不要只说自己的理由。自己的理由，当然是要说的，而且说得越明白越透彻越好。但是，同时也要注意到：倘若我们只说自己的理由，无论说得多么清楚明白，都不一定能说服和我们意见相反的人，我们只能使和我们意见相同，或对这个问题没有什么成见的人，听起来满意。

我们要说服别人，必须首先透彻地了解别人的意见，看他是怎样想的，有怎样的感觉，了解他怎样看事情。

我们对别人的思想、感觉、看法了解得越清楚，我们的说服力就越强，越能够替人剖疑析难，指点迷津。我们对别人的想法，了解得越多，我们言语的说服力也就越大。

"知己知彼，百战百胜"，大家应练好这种"知彼"的功夫。

摸熟了通向各种人物内心的道路后，才能够逐渐清除他们内心的忧虑，解答他们内心的怀疑，并且把那些和你不同的或相反的意见推倒移开。

有许多口才很好的人,往往用自己的唇枪舌剑把对方口头上所说的意见驳倒,就以为自己说服了别人,但却不知道别人心里还藏着什么疑难未解之处。这样的"说服",只是口头上的说服,心里并没有服。别人口服心不服,就不能算是说服。别人对你的话没有心服,就不会按照你的话去做。所以我们应该经常关心他们的生活,和他们接近,倾听他们的谈话,注意他们各方面的表现,研究分析他们的行为动机和他们的心理活动规律。这些,正是我们说服别人的准备工作。

若是想提高自己说服别人的能力,必须把关心别人、了解别人当作一种经常努力的工作。

消除对方的防范心理

在你和要说服的对象较量时,彼此都会产生一种防范心理,尤其是在危急关头。这时候,要想使说服成功,你就要注意消除对方的防范心理。

如何消除防范心理呢? 从潜意识来说,防范心理的产生是一种自卫,也就是当人们把对方当作假想敌时产生的一种自卫心理。因此,消除防范心理最有效的方法就是反复给予暗示,表示自己是朋友而不是敌人。这种暗示可以采用种种方法来进行:嘘寒问暖、给予关心、表示愿给予帮助等。

有个出租车女司机把一男青年送到指定地点时,这个男青年掏出尖刀逼她把钱都交出来,她装作害怕的样子交给歹徒300元钱说:"今天就挣这么点儿,要嫌少就把零钱也给你吧。"说完又拿出20元找零用的钱。见女司机如此爽快,歹徒有些发愣。女司机趁机说:"你家在哪儿住? 我送你回家吧。这么晚了,家人该等着急了。"见司机是个女子,又不反抗,歹徒便把刀收了起来,让女司机把他送到火车站去。见气氛缓和了,女司机又不失时机地启发歹徒："我家里原来也非常困难，咱又没啥技术，后来就跟人家学开车，干起这一行来。虽然挣钱不算多，可日子过得也不错。毕竟自食其力，穷点儿谁还能笑话我呢！"见歹徒沉默不语，女司机继续说："唉，男子汉四肢健全，干点儿啥都差不了，走上这条路一辈子就毁了。"火车站到了，见歹徒要下车，女司机又说："我的钱就算帮助你的，用它干点正事，以后别再干这种见不得人的事了。"一直不说话的歹徒听罢突然哭了，把300多元钱往女司机的手里一塞说："大姐，我以后饿死也不干这事了。"说完，低着头走了。

在这个事例中，女司机巧妙地运用了消除防范心理的技巧，最终达到了说服对方的目的。

心灵悄悄话

不管世界上哪一个民族的语言，只要饱含真诚的情感，就能产生巨大的影响，就能唤起群众的热诚，就有震撼人心的力量。美国小说家说得好："热情是每个艺术家的秘诀。这如同英雄有本领一样，是不能拿假武器去冒充的。"任何语言，情不深，则无以动人。

对症下药，说服更有效

现实生活中的人们，由于在社会经济活动和政治活动中所处的地位不同，家庭环境、社会经历、文化程度、心理需要、个人品质、性格脾气、兴趣爱好也各不相同，于是就形成了人的不同层次。

说服时只有根据不同情况区别对待，有针对性地开启对方的心扉，对症下药，才能真正实现感情和心灵的共鸣。

（1）要了解对方的心理需要。

心理需要从性质上分，有合理和不合理两种类型。其中合理的需要又包括能解决得了的和解决不了的两种情况。这些不同的类型，决定了说服者必须坚持这样一个原则：对合理的要求，要通过说服，帮助寻找一条能够使需要得到满足的理想途径；对那些虽属合理但因条件所限暂时满足不了的需要，就要对其做出解释，从精神上予以鼓励和安慰；对那些不合理的需要，就要通过说服加以控制和引导，使不合理需要受到一定的遏制，并最终放弃。

人的需要从级别上分，更为复杂。美国心理学家马斯洛认为人的需要主要分五个层次：一是生理需要；二是安全需要；三是归属和爱的需要；四是尊重的需要；五是自我实现的需要。马斯洛的需要层次启示我们，在进行劝导说服的时候，必须顾及人的不同需要，针对不同的情况，因人而异，这样才能增强说服的效果。

（2）要针对说服对象的性格、气质采取不同的说服方式。

对脾气刚强的人，要采取温和的方法；对有智谋、善思虑而又藏而不露的人，要从平易善良方面作专门引导；对勇敢坚毅但又凶猛暴戾的人，就要劝导他不越轨;对灵敏轻快的人,要使他在行动举止方面加以节制;对心胸狭窄的人,就得开阔其胸襟,使之宽宏大度;对志向卑下、迟钝而又贪图小利的人,就要激起他的高尚志向;对平庸而散漫的人,要通过师友来管束他。做到因人施教,这样才能牵人之心、启人之志。

对于人的气质,现代心理学家一般把它分为四种类型。

①急躁型。对这种气质的人进行说服,要心平气和,尽量避免当面刺激和发火。当然,在必要的时候,需要故意使用激将法。

②活泼型。对于这种气质的人,说服时态度要严肃认真,不能跟他随便打哈哈,否则,他会把你的说服当作耳边风。

③稳重型。对这种气质的人,说服前时要多加关怀和尊重,消除其疑虑,破除其误解,逐步解开他的思想疙瘩。

④胶滞型。对这种气质类型的人,说服前要做深入的了解,说服时要耐心细致,稍有急躁情绪就会妨碍他倾吐内心之隐。

(3)要根据说服对象的年龄层次而采取不同的方式。

一般来说,老年人特别希望得到人们的尊重,用回忆"想当年"的美好往事来加以引导;在说服中年人时可坦率地就事论理地交谈;在说服青年人时,宜多用古今中外名人名言及引经据典,寓说服的道理于知识、趣味之中。

要注意说服对象的文化程度,对知识分子进行说服,宜采取以说理为主的抽象方式,有些话无须说尽,要留有思考的余地。对文化程度较低的人,则应偏重于以动情为主,采用通俗易懂、形象比喻的方式。

总之,综合地考察多方面的因素,可以增强说服的针对性,避免或者减少盲目说服所造成的错位反应。

心灵悄悄话

真诚的态度是成功的交际者的妙诀,也是演说者和听众融为一体,在情感上达到高度一致,在情绪上引起强烈共鸣的妙诀。

正面不行走侧面

在日常生活中,需要说服的事情几乎随处可见。母亲病了不肯到医院去动手术,要靠说服;痴情女失恋痛不欲生,要靠说服;年轻人不求上进作风浮躁,要靠说服。

进行有效说服的一个较好的策略是采取迂回战术,不从正面入手。直接说服容易让对方产生抵抗心理,所以,不妨从侧面打开缺口。

俄国十月革命刚刚胜利的时候,象征沙皇反动统治的皇宫被革命军队攻占了。当时,俄国的农民们打着火把叫嚷,要点燃这座举世闻名的建筑,将皇宫付之一炬,以解他们心中对沙皇的仇恨。一些有识之士出来劝说,但都无济于事。

列宁得知此消息后,立即赶到现场。面对着那些义愤填膺的农民,列宁很恳切地说:"农民兄弟们,皇宫是可以烧的。但在点燃它之前,我有几句话要说,你们看可不可以呢?"

农民们一听这话,便知列宁并不反对他们烧,于是答道:"完全可以。"

列宁问:"请问这座房子原来住的是谁?"

"是沙皇统治者。"农民们大声地回答。

列宁又问:"那它又是谁修建起来的?"

农民们坚定地说:"是我们人民群众。"

"那么,既然是我们人民修建的,现在就让我们的人民代表住,你们说,可不可以呀?"

农民们点点头。

列宁再问："那还烧吗？"

"不烧了！"农民们齐声答道。

皇宫便由此保住了。

迁怒于物往往是情感朴实、思维简单化的一种表现，这时关键在于疏导。面对激愤的群众，列宁的五句循循善诱的问话，理清了群众思路，保住了这座举世闻名的建筑。他采取的步骤是：首先理解和赞同群众的观点，这样可以争取到引导群众的时间和机会；其次，正本清源，使农民们懂得，皇宫原来是沙皇统治者居住的，但修建者却是人民群众，如今从沙皇手中夺过来回归人民群众，就应该让人民代表住，这个道理是可以说服人的，因此农民们点了点头。最后一问，是强化迂回诱导的结果，让群众明确表态"皇宫不烧了"，从而完全达到了目的。

在说服的过程中，不能只讲大道理，但并不是就可以不讲"理"，如果将道理讲得具体生动，引人思索，让他们觉得是这么个理儿，就能一步步循序渐进地将道理说明白。

采用迂回论证法往往是因为问题复杂，或对方深怀敌意、居心不良，不便用一般手段对付。

心灵悄悄话

弗洛伊德曾经说过："所有凡人掩盖不了自己，如果他口唇静止，手指在轻轻击节，则秘密就会从他的每个毛孔中流溢出来。"这不奇怪，这正是肢体语言本身的特性所决定的。

提高说服力的秘诀

任何人都希望能轻松地说服他人,尤其是担任领导职务的人,更是如此希望;但是千万不要误解说服力的本意,毕竟它与饶舌不同。有的人能不费口舌就自然有说服力;有的人即使滔滔不绝,也没有洗耳恭听的听众。

因此说服力并不取决于是否能言善道,而决定于能适时说出适当的言辞。当然有人天生就具有说服力,但是一般来说,说服力是靠后天的经验和努力培养而成,提高说服力需要认真加以进修、训练。

(1)掌握要点和难点。

大部分人只考虑到如何巧妙地说服他人,但能掌握"要点"的人却非常少。

例如告诉对方"如果不这么做,公司就会有危险""这样会给大家添麻烦""如此才可以拓展前途""必须拉拢他加入我方的阵营"等,这样才算符合说服的需要。

和人见面,想不费吹灰之力就说服对方是不可能的。必须彻底检讨自己的意见,表明自己最低限度的要求。若抓不住意见的重点,不但无法说服对方,反会遭到对方的反击,不得不知难而退。这就是因为"该说"的话表达得不够明确之故。

如果一开始就心生胆怯,心想"我真的能顺利说服对方吗"或"万一遭到拒绝怎么办",甚至认为"对方说得也有道理"等,这些都是因为说服的基础不够稳固,才想不出"如何说服对方"的手段和方法。所以说服前先检查一下谈论的内容是否必要,然后再开始进行说服,才可事半功倍。

（2）掌握对方心理。

不考虑对方，只单方面谈论自己的事，不但无法打动对方，反会显得疏远。因为从感情与理性两方面来说，强迫性的做法会使对方在感情上产生不悦，而脱离要点会使对方在理性上无法理解。此时，首先需要训练的是静听。

任何人都希望站在说服者的立场，不喜欢被人说服，更有甚者认为让别人说服是一种耻辱，所以努力先使对方保持平静，消除其压迫感，否则说服就无法成功。因此，与其自己先发言，不如先听对方的，从谈话内容中了解他。

给予对方发表意见的机会，可以缓和他的紧张，进一步使他对你产生亲切感；更重要的是，能根据对方谈话找到说服的重点。那么要如何才能让对方发表意见呢？可以先诱导对方谈论他感兴趣及关心的话题；至于对方有兴趣及关心的话题，则多半是他个人身边发生的事。

有人认为抓住对方自己认为所喜欢和关心的问题，而且也是最切身的话题，由此而找出对方关心的目标，他就会道出自己的看法，这也就是我们必须侧耳倾听的内容。从对方的谈话中，可以了解对方的嗜好、个性及说服重点。

（3）周密的论证。

不具体地表明说服的要点会失去说服力；而不得要领的要求，也无法得到充分的效果。对部下有所期望，希望达到目的时，必须周密论证以使对方正确了解。下命令的人知道自己的意思，但执行命令的人，却不容易了解。

在工作方面，说服特别要具体地提出计划、说明理由、内容、完成日期及要求的成果，不如此提出，就很难说动对方去办，再怎么激励他，他也不知从何下手。人之所以会有积极的意愿，是因为总想有发挥自己能力的机会。只有凭自己的才智与能力参与到整体工作时，才能体会到工作的意义。

（4）发挥别人才智。

使对方发挥才智，就必须告知对方他想知道的事。若没有确切的指示，他就会在不明事理的情况下产生不满，或者发牢骚、破坏了工作环境的和谐。因此必须以具体的办法告诉对方，使其了解情况，他才愿意去干。

例如告诉对方"你的立场是……你的行动是……最后的目标是……"如此提示，并要求对方"我想借助你的智慧，请你务必尽力"，说服到此地步，就能巩固对方想做的意愿。毕竟了解了情况，做起事来就容易。例如明示对方"这件事的结果是……""你下次应该这么做"等，把自己想获得的结果具体地告诉对方，同时在明示对方的过程中，也要经常参考对方的意见，提高对方的参与意识。如此一来，才能称之为周密的说服。

（5）引导对方。

说服就是恳切地引导对方，按自己的意图办事。如果不以恳切的态度说服对方，而利用暂时的策略瞒骗对方，就无法使说服者与被说服者间有长久的和谐。

当说服者暗自高兴"好了，说服成功了"时，而引起被说服者"哎呀！我上当了"的感觉，这是最拙劣的说服方法。恳切地引导对方，使对方了解与满足，这时双方的满足度各为50%，要被说服者再做10%的让步，更需要让其有这种满足感，否则被说服者便无法心服口服，彼此根本无法谈拢，这一点须特别注意。

（6）让步。

说服必须有令双方满意的结果，否则不算说服成功。换句话说，说服者必须让对方认为"哼！这次是因为我让步，他才能成功地说服我"，如此满足感，就是恳切引导的最好效果。说服者应向对方表示"真谢谢你""没有你的帮助我就完了""你如此帮我忙，我会铭记在心"等，如此表示谢意，以实际行动满足对方的虚荣心。唯有如此诚挚地表达自己，才能称得上真正的说服。

（7）建立信任的关系。

有的人在说服时,特别向对方表示亲密的态度或用甜蜜的语言与之接近,不仅无法达成说服目的,还会引起对方警戒,甚至受其轻视,所以信任非常重要。古人说:言必行,行必果。有的人用人朝前,不用人朝后,这种观念是错误的。人们不能过着自私而自我满足的生活、只想以自己的方便操纵对方,人永远无法一意孤行。所以如果有意与人交流,保持信任的关系,是必不可少的条件。信任的关系,寓于日常生活中。只要得到他人认同,而你也自认不辜负他人时,如此就能建立信任,达到圆满的说服。做到这些,相信你将能发现说服的乐趣与效果。

有效说服别人的十大秘诀

在具体说服别人的实践中,除了采用适当的方法,还要讲究技巧。下面几点说服别人的秘诀很值得借鉴:

（1）以事喻理。

道理的"理"性愈强,愈要注意让事实讲话、佐证,否则就会因教育对象缺乏感性体验,影响对"理"的理解、消化和吸收。用事实充实大道理,还可以避免说大话、空话,联系实际把道理讲实。现在一些大道理之所以让人听不进,就在于讲得虚。

（2）以小见大。

思想是有差别、有层次的,讲道理也应有层次。缺少层次,一下子跨越几个台阶,会让人感到道理离得很远,接受不了。讲者应擅长于小事情中讲蕴涵着的大道理,于近边事情中讲可望可即的远道理,于浅表事情中挖掘可触摸的深道理。

（3）反思设问。

把大道理分解成若干个问题,用问话提出。一则引发兴趣,启发大家

共同思考；一则用以创造一种平等和谐的气氛，使人觉得不是在灌输大道理，而是在共同探讨问题。这种方法，变听为想，变被动接受为主动反思，在抛砖引玉、换位思考中，让"系铃人"自己"解铃"。

（4）迂回引导。

正面一时讲不通，不妨搞些"旁敲侧击"。讲好大道理很重要的一点是要学会剥茧抽丝，逐步引导，层层深入，最后"图穷匕见"，将大家的思想统一和升华到一个新的高度。有时也可借题发挥，讲出"醉翁之意不在酒"的道理，这样可以避免把讲道理变成简单的演绎论证，使教育对象易于接受。

（5）理在情中。

有时讲大道理，教育对象并非对道理本身不接受，而是与讲道理的人感情上合不来。这时讲道理的人要善于联络感情，要注意反省自己有无令对方反感的地方，及时克服和纠正。尤其当对方抵触反感情绪较大时，首先要以诚相待，要在理解、尊重、关心的原则基础上，再讲道理。

（6）巧用名言。

一句含有哲理的名人格言可以发人深省，给人以启迪。现在有不少青年人，对名人名言有一种崇拜感。把大道理与名人名言巧妙地结合，可以把大道理讲得耐人寻味，富有吸引力。

（7）谈心渗透。

"大锅饭不觉香"，讲大道理仅靠在课堂上和公共场合讲，受当时环境气氛的影响，有些朋友可能听不进。出现这种现象，有时就要开"小灶"，选择一个恰当的场合，与对方真诚、平等地谈心交流。

（8）语言感染。

以适应对方的"口味"为出发点，充分发挥口语的魅力，把道理讲得有声有色、生动活泼。美妙的语言是大道理磁石般的外壳，它能吸引听众去深入理解"内核"。

要做到这一点，首先要树立自信心，相信正确道理的威力；其次，要注意语言的训练，努力提高表达的技巧。

（9）**点到为止。**

话讲得啰唆就让人厌烦，听不进。有些人生怕人家听不懂，翻来覆去地讲一个道理，结果适得其反。正确的方法是，应该视情况因人出发，针对实际把握要讲的内容，该讲的一定要"点到"，同时又要注意留下充分思考的时间，让对方去领悟、消化。

（10）**言行结合。**

有时对方之所以不服，很重要的一条就在于讲道理的人自己做得不好。"做"得好才能赢得"讲"的资格。把单纯的讲道理变成见诸行动的边讲边做，让人在"看服"中更好地信服，自觉地接受大道理。只有这样，才能收到"此时无声胜有声"的最佳效果。

心灵悄悄话

> 只要两人在一起，不管你是正襟危坐，还是手舞足蹈，都在传递着信息，整个过程是连续不断、不可分割的。这与语言信息交流一旦话说完了，文章写完了，过程也就结束了的"分离性"是不同的。

第八篇

与他人沟通的技巧

沟通是人类集体活动的基础，是人类存在的前提。可以说没有沟通和群体活动，人类早就灭绝了！正是沟通才形成了原始人群和部落，不断进化形成了人类社会。沟通是现代管理的命脉。良好的沟通才可以造就健康的人际关系！沟通是人们生存、生产、发展和进步的基本手段和途径。

在日常沟通中，无论是发问、赞美、纠正或是拒绝他人，都要注意沟通方式的应用，这样你才能进行良好的人际沟通，减少沟通受阻的发生机率，避免给工作和生活带来负面影响。

如何克服与陌生人交往的心理障碍

行为科学研究人员发现，75％的人与你截然不同。他们中有的可能对你一生的成功至关重要，与这种人富有成效地合作将有助于你了解他们的做事方式和行为习惯，给自己以有益的引导。真正对你至关重要的人，不一定都是你所熟悉的人，就是说可能是陌生人，所以我们要能够积极主动地结交陌生人。

在各种场合与陌生人积极、主动地谈话，是获得更多朋友的最好方法之一。

只有想办法去认识更多的陌生人，并使这些人都成为自己的朋友，才能使自己的社交圈壮大起来。

有一个丰富多彩的人际关系网，是每一个正常人的需要。可是，很多人都没有建立起一个丰富多彩的人际关系网。大凡缺少朋友的人常常感叹世界上缺少真情、缺少帮助、缺少爱，他们都被孤独感所困扰。其实，这些人之所以缺少朋友，仅仅是因为他们在人际交往中不能采取主动的态度，总是期待友谊从天而降。要知道，别人是没有理由无缘无故对我们感兴趣的。因此，如果想赢得更多的朋友，与更多的人建立良好的人际关系，最有效的方式就是主动交往。

朋友多的人与朋友少的人的区别之一就是朋友多的人能够主动去结识陌生人。而主动结识陌生人并不难，只要你能主动向对方伸出友谊之手，结识新的朋友将是一件令人愉快的事情。当你尝试着向陌生人伸出友谊之手，并彼此成为朋友时，你便会明白得到一个朋友是如此简单与快乐。主动地结识陌生人并保持不断的联系，这是使陌生人转变为朋友的有效做法。

不过，向陌生人主动伸出友谊之手并不是所有的人都能做到的。现实中的很多人都不愿意主动去结识陌生人，都习惯于等待别人与自己主动打招呼，习惯这种被动的结交方式。如果所有的人都持这种态度，那么人与人之间不就没有交往了吗？幸好有一部分人是天生的活跃者，他们善于主动同陌生人打招呼，并努力与对方加深关系。这样，人与人之间才有了交往，世间才多了许多温暖。而这类活跃者往往是最有收获的人，他们朋友多、交际面广，做什么事情都容易，简直可以一呼百应、左右逢源。

要想获得更多的朋友，得到更多人的帮助，就要能够积极主动地去结识陌生人，主动向对方伸出友谊之手。

积极而主动地去结交陌生人，对于大多数人来说并不是一件容易的事情。原因何在？心理学家研究后发现，有两点主要原因导致人们不能主动与陌生人交往：

（1）担心自己的主动交往不会得到对方的积极响应，从而使自己陷入窘迫、尴尬的境地，进而伤及自尊心。其实，这种担心是没必要的。在现实生活中，人人都有交往的需要，我们主动交往而对方不加以理会的事情是少见的。如果你尝试着主动和别人攀谈，就会发现，主动与陌生人交往其实很容易。

（2）心理负担导致不能主动去交往陌生人。在主动同陌生人谈话前，不擅长主动结交陌生人的人可能会产生这种想法："先同别人打招呼，会不会显得自己低贱呢？""我这样打扰别人，人家没准会烦的。""彼此互不相识，人家会不会怀疑我居心不良？"等。正是这些心理负担阻碍了我们与陌生人交往的积极性，使我们失去了很多结识别人、发展友谊的机会。

为了结交更多朋友，使我们的社交圈丰富多彩，我们要努力战胜心理障碍，告诉自己不能因为这些心理负担阻碍了自己结交朋友，也许情况根本就不是自己想象得那么糟，何不去大胆一试呢？不尝试，就不能得出准确的结论。

当你因为某种担心而不敢主动同别人交往时，最好去实践一下，用事实去证明你的担心是多余的。不断尝试，会积累你成功的经验，增强你的自信心，使你的人际关系状况越来越好。

要克服主动结交陌生人的心理障碍，首先要克服不自信。不自信就会表现得犹犹豫豫、缩手缩脚。越是这样，别人越是不愿与你交往，你的心理负担就会更加加重。

不自信的人，往往是有着过分的自尊，总是希望自己能够十全十美地去做好每一件事，让别人无可挑剔。可是，实际能力与愿望之间常常存在着差距，从而无法使自己建立起自信，认为自己很无能。在面对陌生人的时候，生怕对方发现了自己的弱点，从而鄙视自己。于是就形成一种心理上的自我保护，这种自我保护的表现就是不愿意暴露自己的缺点，不愿意与更多的人交往，以免在更多的人面前暴露自己的缺点。

那么，该如何克服与陌生人交往的心理障碍呢？可以参考以下几种办法：

（1）进行自我鼓励。

在与陌生人交往有心理压力时，可以这样鼓励自己：我社交的能力虽然差些，但别人开始时也是这样，不管什么事情，开始都不见得能做好，多实践几次就会做好了，大家都一样。只要不断努力，情况会越来越好的。

（2）进行自我安慰。

如果对方是很出色的人，我们更容易不自信和有心理压力，生怕对方会看不起自己，从而拒绝与自己交往。这时，你可以这样安慰自己：对方虽然有一系列的优点，但自己在他面前也不一定就一无是处。人是各有长短的，某些方面他可能优于自己，另一些方面自己也可能是优于对方的。所以说，对方没有理由看不起自己。

（3）多进行实际磨炼。

多进行实际磨炼，是消除心理障碍的最有效方式。因为熟能生巧，无论多么不擅长社交的人，磨炼多了也就慢慢掌握了其中的规则与窍门，心理障碍也就不存在了。日本的一些企业管理人员培训班，为了培养锻炼学员的社交能力,让学员站在闹市中人多的地方,大声唱歌和朗读报纸。这种有益的磨炼,对于学员克服腼腆、不善交际应酬的缺点有着非常大的好处。

参考以上几条办法,并努力使自己敞开心扉,主动与他人交往。告诉自己,人人都渴望别人的关心和爱,只要努力就能交到更多的朋友。在各种场合中,要尝试着主动与不熟悉的人打招呼、微笑,并尽自己的力量去帮助别人。只要你真诚待人,就会得到别人的理解和善待,关键在于自己能够积极主动地去做。长此以往,你在待人接物中会逐渐变得洒脱起来,你的朋友就会越来越多,肯帮助你的人也会越来越多。

心灵悄悄话

　　语言表情中最重要的是眼神。黑格尔在《美学》中说:"不但是身体的形状、面容、姿态和姿势,就是行动和事迹,语言和声音以及它们在不同生活情况中的千变万化,全部要由艺术化成眼睛,人们从这眼睛里就可以认识到内在的无限的自由的心灵。"

兴趣让你们话更多

　　保险公司业务员的说话技巧,是社会上公认的受过高度训练的一门学问。他们在与客户面谈以前,必须领悟一个道理,那就是他如果想与顾客做成一笔生意,先要学会碰到任何对象都能运用谈话技巧引起对方的兴趣,然后再进行洽谈。一旦对方有了兴致,再展开工作就顺利多了,自己的目的也就自然而然地达到了。

　　谈话时先引起对方的兴趣,不仅对工作有帮助,对人际交往也同样有效,特别是与陌生人交谈,更是效果奇特。可以说,通达对方内心思想的妙方,就是和对方谈论他最感兴趣的事情。

　　耶鲁大学教授菲利普先生在 8 岁那年,第一次领教了一个陌生人的交谈魅力。在姑姑林斯莉家中过周末的一个晚上,一位中年人来到姑姑家。在和姑姑随便聊了几句之后,他就把自己的注意力转移到了菲利普身上。当时菲利普对船的兴趣正浓,而这位来客则滔滔不绝地对菲利普谈论这方面的知识,不禁令菲利普对此次谈话产生了特殊的兴趣。即使在他离开之后,还对那位客人赞赏不已。姑姑说,那位客人是纽约的一位律师,对有关船的事情应该是毫无兴趣可言的。

　　"可是,他为什么自始至终都在与我谈论有关船的问题呢?"菲利普问姑姑。

　　姑姑说:"因为他是一位善于交谈的人。他见你对船很感兴趣,就谈论他认为能使你注意并高兴的话题。通过这种方法,他使自己成了一个受欢迎的人。"

与陌生人谈论对方感兴趣的事情，不仅能令对方有兴致，甚至可能使其因心血来潮而慷慨付出。

查理夫先生是一位急公好义的童子军工作人员。欧洲将举办童子军夏令营活动，查理夫想邀请美国某家大公司的经理出钱，赞助一位童子军的旅行费用。巧得是，在他去拜访这位大公司的经理之前，听说他曾开出了一张100万美元的支票。这可是100万美元的支票啊，真是数额巨大！

于是，查理夫见到这位财大气粗的经理之后说："我这一辈子从来都没有听说有人开过数额如此巨大的支票！我要告诉我的童子军，说我的确看到过一张100万美元的支票。"听到这里，这位经理非常愉快地把那张支票递给查理夫看。查理夫则赞叹不已，并询问这张支票的详细情况，这位经理饶有兴趣地告诉了他。

之后，那位经理问查理夫："请问你来找我有什么事？"到这时，查理夫才说明来意。结果十分出乎查理夫的意料：这位经理不但立即答应了他的请求，还十分慷慨地付出了更多的资助。查理夫本来只想请他出资赞助一名童子军去欧洲，可是他慷慨地资助了5名童子军和查理夫本人，并当即开了一张1000美元的支票，并建议他们在欧洲玩上7个星期。另外，他又给查理夫写了封介绍信，把查理夫引荐给他在欧洲分公司的经理，好为查理夫提供帮助。当查理夫一行抵达欧洲时，分公司的经理亲自去巴黎接了他们，领着他们游览了这座美丽的城市。从此以后，这位经理一直对查理夫的童子军事业很热心，并且为家庭贫困的童子军提供工作机会。

查理夫先生与陌生人交谈之所以能取得如此大的成功，奥妙在于：刚开始时，他并没有和对方谈有关童子军与欧洲夏令营的事，也没有谈他想要对方给予的帮助。他谈了对方感兴趣的话题，从而使对方高兴和他交谈。否则，如果查理夫根本就不谈对方感兴趣的事情，而是开门见山地提出请求，那么，这位经理可能一个子儿也不愿意出。这就是能否掌握交谈技巧的差别。

交谈话题唾手可得

我们与陌生人想要交谈的时候,制造一个交谈的话题是不可避免的。可是,面对陌生人,很多人却发出这样的抱怨:"我真不知该说什么好!"或者想:"他不一定会感兴趣我所说的话。"有些人又遇到这样的情况:"为什么别人能如此轻而易举地讲得那么悦耳动听,为什么无论我怎样努力都得不到对方的积极响应?"现实中,这些情况并不少见。

面对陌生人制造交谈的话题,其实并不难,不过是与对方谈什么,从什么开始交谈而已。而可以作为话题的事情真是随处可见。之所以使人为难是因为人们对交谈有一个最普遍的误解:总是以为只有那些最不平凡的事件才是值得谈的,这样的结果使他们把彼此的交谈搞得索然无味。他们在搜肠刮肚地寻找重大事件的同时,却忽略了谈话本身所应具有的意义。

人们除了爱听一些奇闻轶事以外,也很愿意谈一些有关日常生活的普通话题。比如,孩子的教育问题、业余的娱乐爱好,甚至衣食住行都是很好的话题,这些都是人们日常生活离不开的,因此更能使双方都有兴趣,容易抒发自己的感受与心得。只要你能够认识到这一点,在陌生人面前制造交谈话题就不成问题了。

心灵悄悄话

一个穿着整洁、大方的人,会使对方一眼看去就会觉得:"这人看上去蛮舒服的,肯定可靠可信。"别人就容易接受你、喜欢你。

微笑的魅力

用微笑赢得对方的好感

在一个宴会中，一位身着名贵貂皮，佩戴钻石、珍珠的女人，希望通过华丽的装扮赢得众人的好感，但是没有人主动对她表示友好，因为她的面孔充满了刻薄和自私。看来，华丽的装扮并不能掩盖尖酸的面孔。其实，一个人的表情远比他的衣着及其他更重要。

纽约某大百货公司的人事部主任曾表示，他宁可雇用一个笑口常开的女职员，即使她是小学毕业的，也不愿雇用一位表情阴冷、死板的博士。

看来微笑才是最能赢得他人好感的法宝。一个微笑包含着"我喜欢你""你使我感到快乐""我很高兴遇见你"等含义。

施科勃先生说，他自己的微笑能值100万美元。他说得没错，他的性格、魅力以及他那令人欢喜的能力，是他取得成功的全部原因。而他个性中最重要的因素，就是他那能够打动一切人的微笑。

玛丽几乎没有朋友，因为她不擅长对别人微笑。可是，当看到别人在一起欢声笑语时，她很是羡慕，为了改变自己的处境，她决定尝试着对别人微笑。于是，她总是尽力使脸上呈现出最美好的微笑，对她所遇到的每个人打招呼："你好！"

当她去办公室的时候，她会对开电梯的人说"早上好"并且对他微笑，还和看门人微笑着打招呼；她在地铁售票处兑换零钱的时候，也会以

微笑和服务员打招呼;她站在交易所大厅的时候,还会对那些以前从未见过的人微笑……不久,她就发现每个人都对自己报之以微笑。

玛丽的工作和生活气氛开始改变,彼此的关系友善多了,玛丽成功地交到了一些非常好的朋友,她觉得自己的工作和生活因此变得愉快而有趣了。

微笑的内涵

达·芬奇的杰作《蒙娜丽莎》是文艺复兴时期最杰出的肖像画之一,这幅肖像最重要的是蒙娜丽莎的微笑。有人称其为谜一般的微笑,神秘的微笑,魅惑的微笑,光辉的微笑,沉思的微笑。可见,微笑的内涵十分丰富。

具体地说,微笑表示的内涵有:

(1)一个人即使在遇到极严重的危险或困难的时候,也仍然微笑着,好像若无其事,这种微笑充满着自信,充满着力量。好像有一种超凡的魔力,像阳光一样,可以驱散阴云,驱散黑暗,把许多令人阴郁、沮丧、恐惧、苦恼的情绪一扫而光。

(2)一个懂礼貌的人,微笑之花开在他的脸上,永不消失。对认识的人或陌生人,他都将微笑当作礼物,慷慨地、温暖地,像春风一样,像春雨一样奉献,使人们感到亲切、愉快。

(3)能够与别人相处得好的人,最能保持经常的微笑。他在别人的面前,固然是笑容满面,和蔼可亲,当他独自一人的时候,他想起这个人也会微笑。他觉得人人待他很好,他觉得人人都可爱,他觉得人人都相信他,喜爱他。

(4)巴金在《家》中描写梅死了丈夫,回到省城,来到高公馆,与众表兄妹相见时,脸上露出了一丝微笑,这是一种凄凉的微笑,是无可奈何的微笑,是忧郁的微笑。就像阴天的太阳,偶然从云朵缝中,露出一丝淡淡的笑容,一转眼就消逝了。

(5)一个心理健康的人能真诚地微笑,使美好的情绪、愉快的思想和温暖的情怀以及善良的心地,水乳般地交融在一起。发出真诚微笑的人,表现出对别人的尊重、同情、体谅并乐意帮助人,他也愿意分担他人的忧伤,减轻他人的痛苦,同时,也与人分享快乐。

微笑是一种高雅气质。善于微笑的人通常是快乐且有安全感的,也常能使人感到愉快,是成熟人格的象征。

微笑之所以动人,之所以令人愉快,在于这种表情能传递、表达可喜的信息和美好的感情。微笑总是给人们带来友好和热情,带来欢乐和幸福,带来精神上的满足。

有个叫威廉·史坦哈的人,在谈他的交际经验时说:"我是一个闷闷不乐的人,结婚18年来,我很少对我太太微笑。后来,有人鼓励我微笑,我答应试试。于是,第二天早起,我跟太太打招呼:'早上好,亲爱的。'同时对她微笑时,她怔住了,惊诧不已。我说:'从此以后我的微笑将成为寻常的事,不用惊愕。'结果这竟改变了我的生活,一改过去闷闷不乐的状态,在家中我得到了幸福温暖。现在,我对每个人都微笑,他们也对我报以微笑。我可以带着轻松愉悦的心情去同一些满腹牢骚的人交谈,一面微笑,一面恭听。原来棘手的问题,现在也变得容易解决了。这就是微笑给我带来的许多方便和更多的收入。微笑使我快乐、富有、拥有友谊和幸福。而不会微笑的人在生活中将处处感到困难和不方便。"

日本著名电影演员山口百惠给世界观众留下深刻印象,在她息影多年后仍有大量的影迷想念她,渴望她复出。山口百惠能够得到如此高的声誉当然与她卓越的演技分不开,但是也不能否认她那天真无邪、可爱动人的微笑以及笑时流露的两颗虎牙所具有的摄人魂魄的魅力,令很多观众醉心于她的表演。

微笑应该发自心底深处,足以温暖别人的心,使冰雪为之融化。没有

诚意的微笑不但不能打动人，反而令人生厌。在才智不相上下的人群中，你拥有更多的微笑，成功便在更大程度上属于你。

笑口常开是社交的真谛，是让别人喜欢你的秘诀。纽约一家百货公司经理曾说过，在录用女店员时，高中毕业却经常微笑的女子，比大学毕业而面若冰霜的女子录用的机会更大。世界著名的希尔顿饭店的创始人康拉德·希尔顿也说："如果我们的旅馆只是一流的设备，而没有一流微笑的服务的话，那就像一家永不见温暖阳光的旅馆，又有何情趣可言呢？"从这个意义上说，微笑是一种无价之宝，没有微笑就没有财富。

心灵悄悄话

对陌生人微笑，表示和蔼可亲；产生误解时微笑，表示胸怀大度；在窘迫时微笑，有助于冲淡紧张和尴尬的气氛。

导致沟通受阻的原因

在日常沟通中,无论是发问、赞美、纠正或是拒绝他人,都要注意沟通方式的应用,这样你才能进行良好的人际沟通,减少沟通受阻的发生概率,避免给工作和生活带来负面影响。

20 世纪 90 年代,曾经发生过一次空难,而导致这场空难发生的原因可以说与沟通受阻是有很大关联的。

一架埃维安卡航空公司的班机从哥伦比亚飞往纽约,途中不幸坠毁,共有 73 人遇难。在坠毁前,飞机在肯尼迪机场上空盘旋了 45 分钟,耗尽了燃料,这主要是因为飞机驾驶员与地面控制台之间没有准确地沟通所致。

事故发生后,人们根据找到的黑匣子了解到,在飞机坠毁前的 45 分钟,埃维安卡航空公司的机组人员曾告诉地面控制台:飞机不能飞到波士顿机场降落,而是要先在肯尼迪机场降落,"飞机的燃料将耗尽","飞机还能照此样子继续维持约 45 分钟——这就是我们在飞机必须降落前所能做的一切"。

如果地面控制台把这个情况通知了地方控制台,地方控制台指挥飞机在肯尼迪机场降落,那么就完全可以避免这次空难的发生。可是让人遗憾的是,地面控制台并没有告诉地方控制台这架飞机出现的问题。所以,悲剧就不可避免地发生了。这就是沟通受阻所引发的严重后果。

由此可见,沟通受阻会给个人和社会造成破坏性的影响。在人与人的交往中也常常因沟通要素质量不高、沟通工具运用不当、沟通方式选择欠妥等而使沟通过程受挫。只要我们找到原因,就能有效避免、克服沟通

的障碍。一般情况下，人与人之间的沟通障碍有以下几种：

（1）语言障碍。

所谓的语言障碍就是语言的表达不够清楚。如语言不明确会造成对方的误解、语言的逻辑不正确可造成费解。这两项不符合语言规律时，就会产生语病，给沟通带来困难，造成阻碍。在现实生活中最常见的是语言表达先后顺序颠倒，也就是我们常讲的语无伦次，这就会让沟通变得很困难。所以说，我们在与对方交流时，不仅要用清楚的语言明确地表达自己的意思，还要注意语言的逻辑。

（2）习俗障碍。

习俗即人的习惯与风俗，它是在一定文化历史背景下形成的，在不同的文化历史背景下，会产生不同的习惯。具体表现在道德习惯、礼节、审美传统等方面。人们的有些习俗是世代相传的，所以说它是经过长期重复出现而约定俗成的，虽然不具有法律强制力，但是它在家庭、亲朋、邻里、社会的舆论监督等方面，还是有一定位置的。因此我们在与人沟通时，为了避免因习俗不同而出现沟通受阻，要尽量做到入乡随俗。

（3）代沟障碍。

代沟，就是"因年龄差异而造成的生活态度、价值观念、行为方式等方面的差异、对立乃至冲突"。代沟现象不仅限于家庭，也出现于社会和工作关系中。形成代沟的原因很复杂，较普遍的原因有：年龄差别造成的两代人的心理差别、时代不同造成的两代人不同的生活方式等。在与有代沟的人沟通时，最好的办法就是尽量找出双方的共同之处，从那里入手，就能找到共同点，从而进入沟通状态。

（4）行沟障碍。

行业不同可能会形成行沟。社会分工不同，职业类型就千差万别，从事不同行业的人难免会出现沟通上的困难。行沟造成沟通困难的原因是行业与行业间的封闭与保守，造成隔行如隔山；从事不同职业的人还可能有一些职业性的特殊思维与行为方式，使其他人难以认同与理解，这就对沟通形成了阻碍。解决这一问题的办法是多了解对方、多理解对方，不要把自己的见解强加于对方,这样沟通起来就容易多了。

(5)位沟障碍。

职位不同可能会形成位沟。职位障碍一般产生于有地位差异的交往双方。两者的职位、地位不同,自然而然就会产生"自我感觉差距"。如果处理不恰当,那么,由位沟产生的障碍就会影响到双方关系的和谐与感情交流,严重了就会影响到工作的正常进行。

我们知道了形成沟通障碍的原因,就明白了该如何去应付沟通受阻。这对我们克服在人际交往中的沟通阻碍是大有帮助的。当你能够很好地处理这些问题时,你的人际交往将更轻松,人际关系将更和谐,生活、事业也会更顺利。

心灵悄悄话

> 威胁能够增强说服力,但是,在具体运用时要注意以下几点:第一,态度要友善。第二,讲清后果,说明道理。第三,威胁程度不能过分,否则会弄巧成拙。